Batch-Programmierung
Kompaktreferenz

Kris Jamsa

Batch Programmierung

Kompaktreferenz

Dieses Buch ist die deutsche Übersetzung von:
Kris Jamsa: The Concise Guide to MS-DOS Batch Programming
Microsoft Press, Redmond, Washington 98052-6399
Copyright © 1991 by Kris Jamsa

Dieses Buch ist keine Original-Dokumentation
zur Software der Firma Microsoft.
Sollte Ihnen dieses Buch dennoch anstelle der Original-Dokumentation in Verbindung mit Disketten verkauft worden sein, die die entsprechende Software der Firma Microsoft enthalten, so handelt es sich wahrscheinlich um eine Raubkopie der Software. Benachrichtigen Sie in diesem Fall bitte umgehend die Microsoft GmbH, Edisonstr. 1, 8044 Unterschleißheim - auch die Benutzung einer Raubkopie kann strafbar sein.

Das in diesem Buch enthaltene Programmaterial ist mit keiner Verpflichtung oder Garantie irgendeiner Art verbunden. Autor, Übersetzer und der Verlag übernehmen folglich keine Verantwortung und werden keine daraus folgende oder sonstige Haftung übernehmen, die auf irgendeine Art aus der Benutzung dieses Programmaterials oder Teilen davon entsteht.

Das Werk einschließlich aller Teile ist urheberrechtlich geschützt. Jede Verwertung außerhalb der engen Grenzen des Urheberrechtsgesetzes ist ohne Zustimmung des Verlags unzulässig und strafbar. Das gilt insbesondere für Vervielfältigungen, Übersetzungen, Mikroverfilmungen und die Einspeicherung und Verarbeitung in elektronischen Systemen

15 14 13 12 11 10 9 8 7 6 5 4 3 2 1
93 92

ISBN: 3-86063-502-6

© Microsoft Press Deutschland
(ein Unternehmensbereich der Microsoft GmbH)
Frankfurter Ring 224, D-8000 München 40
Alle Rechte vorbehalten

Übersetzung: Schäpers DaTec, München
Satz und Redaktion: Schäpers DaTec, München
Umschlaggestaltung: CCW-Wiescher, München
Belichtung: Printshop Schimann, 8071 Brautlach
Herstellung und Typographie: Andreas Hommer, München
Druck: Freiburger Graphische Betriebe

Inhaltsverzeichnis

Einleitung	7

1	**Grundlagen Batch-Dateien**	**9**
	Vorteile von Batch-Dateien	12
	Kennzeichnung von Batch-Dateien	13
	Erstellen von Batch-Dateien	14

2	**Konfigurieren Ihres Systems**	**27**
	Verwendung von AUTOEXEC.BAT	30
	AUTOEXEC.BAT und CONFIG.SYS	33

3	**Wichtige Befehle und Konzepte**	**37**
	Abschalten des »Echos«	37
	Abbrechen einer Batch-Datei	42
	Ausgabeumleitungen	43
	Verständliche Batch-Dateien	44
	Kommentare und Lesbarkeit	46
	Abläufe vorübergehend anhalten	47
	Meldungen mit ECHO	54
	Verzeichnis für Batch-Dateien	60

4	**Parameter erhöhen die Flexibilität**	**61**

5	**Programmieren von Batch-Dateien**	**65**
	Bedingte Befehlsausführung	65
	Der NOT-Operator	77

Inhaltsverzeichnis

Befehle für Dateigruppen	78
Sprünge mit GOTO	83

6 Konzepte der Batch-Programmierung — 89

Umgebungsvariablen	89
Unterprogramme	93
Mehr als neun Parameter: SHIFT	99
Ausnahmen	104
Zusätzliche Befehle von OS/2	107

7 DOSKEY und Makros — 111

Anwendung von DOSKEY	111
Die Grenzen von Makros	116

8 Optimierung: ANSI.SYS und DEBUG — 119

Programmieren mit DEBUG	131
Der erweiterte ASCII Zeichensatz	147

9 Aufbau einer Programmbibliothek — 153

Bildschirmfarben setzen	153
Schutz gegen Formatierung	155
Eingabe von Paßwörtern	157
Einfaches Speichern	159

10 Spielereien mit AUTOEXEC.BAT — 165

Anhänge	173
A Statuscodes im Überblick	173
B Escapesequenzen von ANSI.SYS	179
Stichwortverzeichnis	181

Einleitung

Daß Batch-Dateien helfen, Zeit und Tastenanschläge einzusparen, ist unter erfahrenen Anwendern von MS-DOS kein Geheimnis. Worum es dabei geht? Leicht vereinfacht gesagt, besteht eine Batch-Datei aus einer Reihe von DOS-Befehlen - und wenn Sie den Namen dieser Datei auf der Kommandoebene von MS-DOS eingeben, werden diese Befehle ausgeführt.

Obwohl das Konzept als solches auch den meisten Einsteigern bekannt ist, wird sein gesamtes Potential nur von den wenigsten Benutzern ausgeschöpft - was wohl nicht zuletzt daran liegt, daß einem das Referenzhandbuch unter dem abschreckenden Stichwort »Stapelverarbeitungsdateien« eine recht lange und stellenweise rätselhafte Liste von Befehlen, Ausnahmebedingungen, Fehlercodes und anderen Dingen präsentiert. (Wir bleiben in diesem Buch schon aus Platzgründen beim Originalbegriff »Batch-Datei«).

Dazu kommt, daß sich die meisten Bücher über Batch-Programmierung mehr auf die einzelnen DOS-Befehle konzentrieren, die letztlich nur indirekt mit dem eigentlichen Thema zu tun haben. Bei diesem Buch dagegen sind Inhalt und Titel identisch: Leser, die noch nie mit Batch-Dateien zu tun gehabt haben, finden hier das entsprechende Grundlagenmaterial - und angehende Experten werden lernen, daß Batch-Dateien nicht nur einfache Befehlslisten, sondern auch echte Programme mit eigener Intelligenz darstellen können.

Obwohl die Batch-Befehle von MS-DOS ausgesprochen leistungsfähig sind, stellen sie zwangsläufig nicht alle Möglichkeiten zur Verfügung, die eine echte Programmiersprache bietet. Deshalb enthält dieses Buch auch eine detaillierte Anleitung, wie man mit DEBUG einfache Programme erstellt - beispielsweise zur Abfrage der Tastatur. Mit diesen Programmen läßt sich prüfen, ob der Benutzer eine Rückfrage mit »Ja« oder »Nein« beantwortet hat, das Kalenderdatum und die Uhrzeit des Systems auslesen - oder auch eine Reihe von Funktionstasten zur Auswahl aus einem Menü abfragen. Die Erstellung dieser

Einleitung

Programme bedarf nur einiger Minuten, spezielle Programmiersprachen sind unnötig - alles was Sie brauchen, ist DOS!

Benutzer der Version 5 von MS-DOS werden auf den folgenden Seiten einiges über das Programm DOSKEY und seine Makros finden. Ein Makro ähnelt einer Batch-Datei, d.h. enthält einen oder mehrere Befehle, die durch einfaches Eingeben des Makronamens ausgeführt werden. Im Gegensatz zu Batch-Dateien befinden sich Makros im Hauptspeicher (RAM, Random-Access Memory) Ihres Computers und nicht auf der Festplatte, d.h. werden ohne sichtbare Verzögerung ausgeführt.

Sie müssen kein Experte sein, um diesen Leitfaden zu benutzen: die Beispiele sind in erster Linie auf Verständlichkeit hin angelegt (lies: ich habe in den meisten Fällen der Versuchung widerstanden, auf undurchsichtige Art noch die eine oder andere Mikrosekunde Rechenzeit einzusparen). Zu lernen, wie man Batch-Dateien erstellt und verwendet, wird wahrscheinlich die produktivste Zeit sein, die Sie vor Ihrem Computer verbringen - eine Art Investition in die Zukunft.

Grundlagen Batch-Dateien 1

Es existieren mehr als 80 DOS-Befehle. Davon verwenden die meisten von uns jedoch nur eine begrenzte Anzahl, wie z.b. COPY, REN, DEL, TYPE, DISKCOPY, FORMAT und vielleicht noch die Befehle zur Bearbeitung der Unterverzeichnisse. Aber wir können uns nicht alle Optionen und Parameter der vielen DOS-Befehle merken.

Um spezielle Aufgaben wie z.b. das Auswählen eines bestimmten Verzeichnisses oder die Arbeit mit einem Textverarbeitungsprogramm erfolgreich durchführen zu können, müssen Anfänger oft eine Reihe von Befehlen eingeben. Die Fehlermöglichkeiten nehmen hierbei im gleichen Maße zu wie die Anzahl der Anschläge. Als Fehler würde sich das Weglassen eines entscheidenden Befehlsteiles oder eine falsche Schreibweise auswirken.

Um die Wahrscheinlichkeit von Fehlern zu verringern und die Anwendung zu vereinfachen, bietet MS-DOS die Möglichkeiten der Batch-Dateien an. Eine Batch-Datei ist eine Datei, die Sie erstellen und die einen oder mehrere DOS-Befehle beinhaltet. Damit alle Befehle einer Batch-Datei ausgeführt werden, muß der Anwender nur den Namen der Batch-Datei nach der DOS-Eingabeaufforderung eintippen und die Taste ⏎ (Eingabetaste) drücken - so, als ob er nur einen einzigen DOS-Befehl eingeben würde. Wenn MS-DOS die Batch-Datei liest, führt es alle Befehle aus der Reihe nach aus (d.h. bearbeitet die Datei Zeile für Zeile).

1 Grundlagen Batch-Dateien

Zu Beginn betrachten wir eine einfache Batch-Datei namens TIME-DATE.BAT, die lediglich drei grundlegende DOS-Befehle enthält:

```
CLS
TIME
DATE
```

Sie werden diese Batch-Datei später erstellen. Jetzt möchten wir einfach nur erklären, wie sie funktioniert.

CLS löscht Ihren Bildschirm. TIME gibt die aktuelle Zeit aus und fordert zur Eingabe einer neuen Uhrzeit auf. DATE zeigt das aktuelle Datum an und fordert zur Eingabe eines neuen Kalenderdatums auf.

Achten Sie auf die Erweiterung beim Dateinamen. Dateierweiterungen können die Art der Informationen beschreiben, die eine Datei enthält. Im Falle von TIMEDATE.BAT gibt die Erweiterung BAT dem Anwender an, daß diese Datei eine Batch-Datei ist. Um die Batch-Datei auszuführen, geben Sie ihren Namen nach der DOS-Eingabeaufforderung ein und drücken dann die Taste ⏎.

```
c:> TIMEDATE
```

Sobald die Eingabe abgeschlossen wurde, öffnet MS-DOS die Batch-Datei und führt den ersten Befehl aus, in diesem Falle den CLS-Befehl. Nachdem der CLS-Befehl ausgeführt wurde, wird der nächste Befehl (TIME) in der Batch-Datei abgearbeitet. MS-DOS zeigt folgendes an:

```
C:>TIME
Gegenwärtige Uhrzeit ist: 13:26:37,22
Neue Uhrzeit:
```

Sie würden nun die neue Zeit eingeben und mit der Taste ⏎ abschließen oder nur die Taste ⏎ drücken, um die Zeit unverändert zu lassen. Nachdem TIME vollständig durchgeführt wurde, führt MS-DOS den Befehl DATE aus und zeigt folgendes an:

```
C:>DATE
Datum: Fre 6.12.1991
Neues Datum (TT.MM.JJ):
```

Sie würden nun das korrekte Datum eingeben und mit der Taste ⏎ abschließen oder nur die Taste ⏎ drücken, um das Datum unverändert zu lassen. Wenn der Befehl DATE vollständig ausgeführt wurde, sucht MS-DOS nach dem nächsten Befehl in der Batch-Datei. Da dort nun keine weiteren Befehle mehr existieren, beendet die Datei die Ausführung und MS-DOS zeigt wieder die Eingabeaufforderung an.

Schauen wir uns eine andere Batch-Datei an. Sie trägt den Namen DISKINFO.BAT und enthält drei DOS-Befehle:

```
VOL
CHKDSK
DIR
```

Um die Befehle dieser Datei auszuführen, die Einzelheiten über das Standardlaufwerk anzeigen, geben Sie den Namen der Batch-Datei ein und drücken die Taste ⏎.

C:> `DISKINFO`

Wenn MS-DOS die Meldung *Befehl oder Dateiname nicht gefunden* ausgibt, so bedeutet dies, daß MS-DOS den externen Befehl CHKDSK.COM nicht finden kann.

Merke: Externe Befehle müssen auf dem Laufwerk im aktuellen Verzeichnis gespeichert oder über den Befehlspfad erreichbar sein, der vom DOS-Befehl PATH definiert wird.

Eine Anmerkung für OS/2 Anwender

Nicht nur MS-DOS verfügt über Batch-Dateien. OS/2-Batch-Dateien verhalten sich in derselben Weise wie DOS-Batch-Dateien. Der Unterschied zwischen beiden besteht nur in der Namensgebung. Der OS/2 Real Mode erlaubt Ihnen, DOS-Befehle und DOS-Batch-Dateien mit der Erweiterung BAT auszuführen. Im OS/2 Protected Mode haben Batch-Dateien jedoch die Erweiterung CMD. In diesem Fall ist CMD die Kurzform für »Command«, d.h. Befehl. Sollten Sie den OS/2 Protected Mode verwenden, können Sie die Batch-Datei TIMEDATE.CMD erstellen. Diese enthält drei DOS-Befehle: CLS, TIME und DATE. Wenn Sie die Batch-Datei ausführen wollen, geben Sie den Dateinamen nach der OS/2 Eingabeaufforderung ein und drücken dann die Taste ⏎.

[C:\] `TIMEDATE`

Wenn OS/2 die Batch-Datei liest, führt es die Dateibefehle der Reihe nach aus.

1 Grundlagen Batch-Dateien

Vorteile von Batch-Dateien

Unabhängig davon, ob Sie MS-DOS oder OS/2 benutzen, sparen Batch-Dateien Zeit, reduzieren Ihre Tastenanschläge und Fehler und vereinfachen die Durchführung von schwierigen Befehlen. Sehen wir uns dies an einigen Beispielen an.

Zeitersparnis

Angenommen, Sie führen jeden Morgen vier Inventarkontrollprogramme durch. Das erste Programm, CALCINV.EXE, berechnet Ihren aktuellen Warenbestand, das zweite, SORTINV.EXE, sortiert das Inventar nach vorrätigen Mengen, das dritte, PRINTINV.EXE, druckt Listen des Lagerbestandes aus, das vierte, ORDERINV.EXE, erzeugt Bestellungen für im Lager fehlende Artikel.

Um diese vier Programme ausführen zu können, müssen Sie den Namen des ersten Programmes eingeben, ⏎ drücken und dann auf das Ende der Ausführung des Programmes warten, bevor Sie diese Schritte für die verbleibenden Programme wiederholen. Wahrscheinlich verbringen Sie beträchtliche Zeit vor der Tastatur und warten bei jedem Programm auf das Ende der Durchführung.

Diese Befehle sind ausgezeichnete Beispiele für eine Batch-Datei. Sie könnten in diesem Falle die Batch-Datei GETINV.BAT benennen. Diese Datei enthält die folgenden vier Befehle:

CALCINV, SORTINV, PRINTINV und ORDERINV.

Wenn Sie den Namen einer Datei eingeben und die Taste ⏎ drücken, führt MS-DOS diese vier Befehle wie folgt für Sie aus:

```
C:> GETINV
C:>CALCINV
C:>SORTINV
C:>PRINTINV
C:>ORDERINV
```

Da MS-DOS diese Befehle für Sie automatisch ausführt, haben Sie die Möglichkeit, zwischenzeitlich andere Arbeiten zu erledigen, die nicht am Computer stattfinden. So können Sie durch Batch-Dateien jeden Tag eine Menge Zeit sparen.

Grundlagen
Batch-Dateien 1

Tastendrücke und Fehler ersparen

Batch-Dateien ermöglichen es, Mehrfachbefehle durch die Eingabe eines Befehles auszuführen. Dadurch reduziert sich die Anzahl der Anschläge, wodurch ebenfalls noch die Fehlermöglichkeiten reduziert werden. Im vorstehenden Beispiel - dem Ausführen der Batch-Datei GETINV.BAT - verringerten sich nicht nur die Anschläge; es wurden auch die Möglichkeiten beseitigt, die Befehle in falscher Reihenfolge einzugeben, einen Befehl fehlerhaft einzutippen oder auszulassen.

Vereinfachte Befehlsausführung

Jeder von uns fing irgendwann einmal mit MS-DOS an. Die meisten unter uns können sich noch an das ängstliche Gefühl beim Eingeben der ersten Befehle erinnern. Batch-Dateien helfen hier, diese Ängste auf ein Minimum zu reduzieren, da die Anzahl der komplizierten Befehle verringert wird, die ein Anwender kennen muß, um erfolgreich zu arbeiten. Beispielsweise speichern die meisten Anwender ihre Textverarbeitungsdateien in einem einzigen Unterverzeichnis. Um das Textverarbeitungsprogramm zu starten, muß der Anwender erst das korrekte Unterverzeichnis auswählen, indem er den Befehl CHDIR (Change Directory) benutzt, und dann den Namen des entsprechenden Textverarbeitungsprogramms eingeben. Bei Microsoft Word zum Beispiel sieht die Reihenfolge der Befehle wie folgt aus:

```
C:> CHDIR \WORD
C:> WORD
```

Unabhängig davon, ob Sie ein Anfänger sind oder ein erfahrener Anwender, der einem Neuling hilft, ziehen Sie möglicherweise in Betracht, eine Batch-Datei mit dem Namen DOWORD.BAT zu erstellen, die beide Befehle enthält. Je weniger Befehle sich ein Anfänger merken muß, umso angenehmer wird sich für ihn das Arbeiten mit dem Computer darstellen. Die Folge ist eine steilere Lernkurve.

Kennzeichnung von Batch-Dateien

Sie sollten immer versuchen, jeder Datei, die Sie erstellen, einen sinnvollen Namen zu geben. Batch-Dateien machen keine Ausnahme. Batch-Dateien müssen die Erweiterung BAT unter MS-DOS und die Erweiterung CMD unter OS/2 haben. Folglich bleiben Ihnen acht Zeichen, um eine Batch-Datei von der anderen zu unterscheiden. Der

1 Grundlagen
Batch-Dateien

Name der Batch-Datei sollte klar das Programm erkennen lassen, das von der Batch-Datei durchgeführt wird. Zum Beispiel hieß eine vorstehend erklärte Batch-Datei, die Zeit und Datum Ihres Systems ausgab, TIMEDATE.BAT. In unserem Inventarbeispiel wurde die Batch-Datei GETINV.BAT genannt. Beide Batch-Dateinamen erklären das Programm, das von der Datei durchgeführt wird. Obwohl die Kennzeichnung einer Batch-Datei mit X.BAT oder Z.BAT einfacher scheint, so ist doch keine der beiden Bezeichnungen in der Lage, die Funktion der Batch-Datei zu beschreiben. Ein paar Tage nach Erstellen der Datei werden Sie sich möglicherweise nicht mehr an ihre Funktion erinnern können.

Geben Sie Ihrer Batch-Datei nicht den Namen eines internen oder externen DOS-Befehls. Jedesmal, wenn Sie einen Befehl eingeben, prüft MS-DOS erst, ob Ihr Befehl ein interner Befehl ist (wie z.B. CLS, DATE oder TIME), an den sich MS-DOS immer erinnern wird. Wenn Ihr Befehl ein interner Befehl ist, so führt MS-DOS ihn anstelle des Batch-Befehles aus. Andernfalls prüft DOS, ob der Befehl ein externer Befehl im aktuellen Verzeichnis ist. Ein externer DOS-Befehl (wie z.B. DISKCOPY oder FORMAT) ist ein Befehl, der auf Platte gespeichert ist. Wenn Ihr Befehl keinen internen Befehl im Speicher oder einen externen Befehl auf Platte darstellt, prüft DOS, ob Ihr Befehl einer DOS-Batch-Datei entspricht. MS-DOS und OS/2 führen nur Batch-Dateien aus, wenn keine Namensgleichheit mit internen oder externen Befehlen im aktuellen Laufwerk oder Verzeichnis besteht. Sollten Sie Ihrer Batch-Datei den Namen eines DOS-Befehls geben, würde MS-DOS niemals das Batch-Programm ausführen; geben Sie Ihrer Batch-Datei z.B. den Namen TIME.BAT, dann wird MS-DOS hier den DOS-Befehl TIME finden und nur diesen DOS-Befehl ausführen.

Erstellen von Batch-Dateien

Die Methode, die Sie auswählen, um Batch-Dateien zu erstellen, kann abhängig von deren Länge variieren. Die einfachste und schnellste Methode für kurze Batch-Dateien ist, sie von der Tastatur zu kopieren. Sie führen hier den Befehl COPY durch, bei dem Sie einen »Gerätenamen« verwenden - nämlich die Tastatur (»CON«) als Quelle von Zeichen, die direkt in eine Datei kopiert werden sollen. Für unser Beispiel werden wir die Batch-Datei TIMEDATE.BAT erstellen, die Uhrzeit und Datum im System anzeigt. Um den Kopier-

Grundlagen Batch-Dateien 1

vorgang in die zukünftige Batch-Datei einzuleiten, geben Sie folgenden Befehl nach der DOS-Eingabeaufforderung ein:

`C:> COPY CON TIMEDATE.BAT`

Wie gesagt: in diesem Falle ist der Ausgangspunkt der zu kopierenden Daten die Tastatur. Das Ziel des Kopiervorganges ist die Batch-Datei TIMEDATE.BAT. Wenn Sie die Taste ⏎ drücken, um mit dem Kopiervorgang zu beginnen, setzt MS-DOS den Cursor an den Anfang der Zeile, die dem Befehl folgt. An diesem Punkt wartet MS-DOS auf die erste Eingabezeile. Tippen Sie den ersten Batch-Befehl TIME ein und drücken Sie ⏎.

```
C:>COPY CON TIMEDATE.BAT
TIME
```

Als nächstes tippen Sie den Befehl DATE ein und drücken wiederum ⏎.

```
C:>COPY CON TIMEDATE.BAT
TIME
DATE
```

Mit dem Zeichen [Strg]+[Z] wird das Ende des Kopiervorgangs signalisiert. Drücken Sie also die Taste [Strg], halten Sie sie gedrückt und tippen Sie ein [Z]. Nachdem Sie [Strg] wieder gelöst und ⏎ gedrückt haben, erstellt COPY die Datei und zeigt Folgendes an:

```
C:>COPY CON TIMEDATE.BAT
TIME
DATE
^Z
1 Datei(en) kopiert
C:>
```

Um diese Batch-Datei auszuführen, geben Sie TIMEDATE ein.

`C:> TIMEDATE`

Wenn Sie die Taste ⏎ drücken, führt MS-DOS erst den Befehl TIME und dann den Befehl DATE aus.

Um die Technik COPY CON zu üben, erstellen Sie eine Batch-Datei mit dem Namen DISKINFO.BAT, die die Befehle VOL, CHKDSK und DIR enthält. Sie geben wie zuvor die Befehlszeile COPY ein, indem Sie die Kennung CON als Ihren Ausgangspunkt verwenden, und drücken die Taste ⏎.

`C:> COPY CON DISKINFO.BAT`

1 Grundlagen
Batch-Dateien

Als nächstes geben Sie alle Batch-Befehle ein und drücken die Taste
`⏎` nach jedem Befehlsnamen:

```
C:>COPY CON DISKINFO.BAT
VOL
CHKDSK
DIR
```

Um MS-DOS mitzuteilen, daß Sie die Eingabe von Befehlen beendet haben, drücken Sie die Funktionstaste `F6` und dann die Taste `⏎`. MS-DOS erstellt eine Batch-Datei und teilt Ihnen mit, daß eine Datei kopiert wurde. (Offensichtlich erzeugt `F6` dasselbe Zeichen wie `Strg`+`Z`).

```
C:>COPY CON DISKINFO.BAT
VOL
CHKDSK
DIR
^Z
1 Datei(en) kopiert
C:>
```

Um kleine Batch-Dateien über die Tastatur zu erstellen, folgen Sie diesen Schritten:

1. Geben Sie den Befehl COPY mit CON als Quelle und benutzen Sie als Ziel einen sinnvollen Namen für die Batch-Datei. Dann drücken Sie `⏎`.

```
C:> COPY CON DATEPRNT.BAT
```

2. Geben Sie nun die einzelnen Batch-Befehle ein und drükken Sie am Ende jeder Zeile `⏎`.

3. Nachdem Sie den letzten Batch-Befehl eingegeben haben, drücken Sie `F6` und dann `⏎`.

Erstellen größerer Batch-Dateien

Für umfangreichere Batch-Dateien ist das Verfahren mit COPY natürlich nur begrenzt verwendbar. Für diese Zwecke kann man entweder eine »richtige« Textverarbeitung benutzen - wobei man dann allerdings darauf achten sollte, seine Daten als reine Textdatei (im ASCII-Format) zu speichern. Wie Ihnen sicherlich bekannt ist, erlauben Textverarbeitungen das links- und rechtsbündige Ausrichten von Absätzen, das Hervorheben von Textteilen mit Fett- oder Kursivschrift etc. Diese Attribute werden über spezielle Steuercodes im Text

Grundlagen Batch-Dateien 1

festgehalten, mit denen üblicherweise nur die jeweilige Textverarbeitung selbst etwas anfangen kann - weshalb MS-DOS bei fettgeschriebenen oder rechtsbündig ausgerichteten Befehlen lediglich mit Fehlermeldungen reagieren wird. Die Speicherung eines Textes als »ASCII pur« wirft jede Art von Formatierung (und damit die Steuerzeichen) aus einem Text hinaus und ist Voraussetzung für das Erstellen von Batch-Dateien.

Alternativ zu einer ausgewachsenen Textverarbeitung lassen sich auch die zusammen mit MS-DOS ausgelieferten Editoren verwenden - also das »Urmodell« Edlin oder das (ab der Version 5 existierende) Programm EDIT.

Erstellen einer Batch-Datei mit Edlin

Wenn Sie die Dateien in Ihrem DOS-Verzeichnis auflisten, werden Sie feststellen, daß darunter auch eine Datei namens EDLIN.EXE erscheint (die bei den Vorgängern der Version 5 von MS-DOS als EDLIN.COM gespeichert ist):

```
C:\DOS> DIR EDLIN.EXE
Datenträger in Laufwerk C ist MS-DOS 5
Datenträgernummer: 0B42-A01D
Verzeichnis von C:\DOS
EDLIN    EXE   12578  25.06.90   12.00
    1 Datei(en)    12578 Byte
              29231104 Byte frei
```

Edlin ist (im Gegensatz zu EDIT und anderen Textverarbeitungen) ein Zeilen-Editor, der Ihnen aber dennoch erlaubt, Dateien zu erstellen und zu ändern. Zur Demonstration verwenden wir Edlin, um Datei SHORTDIR.BAT zu erstellen. Sie beinhaltet die Befehle CLS und DIR /W.

Starten Sie Edlin von der DOS-Eingabeaufforderung und geben Sie dabei die Datei an, die Sie anlegen bzw. bearbeiten wollen. Für unser Beispiel lautet die Befehlszeile:

```
C:\> EDLIN SHORTDIR.BAT
```

Wenn Sie die Taste ⏎ drücken, zeigt Edlin:

```
C:\>EDLIN SHORTDIR.BAT
Neue Datei
*
```

1 Grundlagen
Batch-Dateien

Das Sternchen stellt die Eingabeaufforderung von Edlin dar. Edlin verfügt über verschiedene Einzelbefehle. Für unsere Zwecke werden wir nur wenige dieser Befehle anwenden. (Eine vollständige Beschreibung dieses Programms finden Sie in Ihrem DOS-Handbuch).

Um einen Befehl in eine Datei einzufügen, müssen Sie den Befehl [I] (»Insert«) geben und danach [↵] drücken:

```
C:\>EDLIN SHORTDIR.BAT
Neue Datei
*I
    1:*
```

Edlin fordert Sie daraufhin zur Eingabe der ersten Zeile auf. Tippen Sie CLS und drücken Sie die Taste [↵].

```
C:\>EDLIN SHORTDIR.BAT
Neue Datei
*I
    1:* CLS
    2:*
```

Edlin fordert Sie nun zur Eingabe einer weiteren Zeile auf. Tippen Sie DIR /W und drücken Sie die Taste [↵].

```
C:\>EDLIN SHORTDIR.BAT
Neue Datei
*I
    1:* CLS
    2:* DIR /W
```

Da für diese Datei nur zwei Zeilen benötigt werden, müssen Sie Edlin nun mitteilen, daß Sie die Texteingabe beenden wollen. Dies geschieht durch die Eingabe von [Strg]+[C]: Halten Sie die mit [Strg] gekennzeichnete Taste gedrückt und tippen Sie ein [C]. Edlin beendet daraufhin den Einfügemodus und zeigt wieder seine Eingabeaufforderung:

```
C:\>EDLIN SHORTDIR.BAT
Neue Datei
*I
    1:* CLS
    2:* DIR /W
    3:* ^C
```

Um die Datei zu sichern, Edlin zu verlassen und zu MS-DOS zurückzukehren, geben Sie den Befehl [E] (»End«) und drücken die Taste [↵].

Grundlagen Batch-Dateien 1

```
C:\>EDLIN SHORTDIR.BAT
Neue Datei
*I
    1:* CLS
    2:* DIR /W
    3:* ^C
* E
```

C:>

Um die neu erstellte Datei zu aktivieren, tippen Sie

C:> SHORTDIR

und drücken die Taste ⏎. MS-DOS löscht den Bildschirm und zeigt eine Liste der in dem Verzeichnis enthaltenen Dateien und Unterverzeichnisse im Breitformat an (wobei letzteres durch den Zusatz /W veranlaßt wird).

Wie zuvor erwähnt, erlaubt Edlin auch das Verändern bereits existierender Dateien. Lassen Sie uns nun die Datei SHORTDIR.BAT so ändern, daß MS-DOS nur Dateien mit der Erweiterung EXE anzeigt. Starten Sie Edlin wie gehabt zusammen mit der Angabe des Dateinamens:

C:> EDLIN SHORTDIR.BAT

Da die Datei SHORTDIR.BAT bereits existiert, zeigt Edlin die folgende Meldung an:

```
C:>EDLIN SHORTDIR.BAT
Ende der Eingabedatei
*
```

Mit dieser Meldung teilt Ihnen Edlin mit, daß die ganze Datei gelesen wurde und nun bearbeitet werden kann. Wenn Sie nun ⒈ eingeben und die Taste ⏎ drücken, zeigt Edlin die erste Zeile in der Datei an:

```
C:>EDLIN SHORTDIR.BAT
Ende der Eingabedatei
* 1
    1:* CLS
    1:*
```

Die zweite 1:*, die auf Ihrem Bildschirm erscheint, ist Edlins Aufforderung an Sie, die Zeile 1 zu ändern. Sollten Sie Zeile 1 unverändert lassen wollen, drücken Sie die Taste ⏎. Andernfalls tippen Sie den

19

1 Grundlagen
Batch-Dateien

neuen Text für Zeile 1 ein. Für unser Beispiel lassen Sie Zeile 1 unverändert, d.h. drücken lediglich [↵].

```
C:>EDLIN SHORTDIR.BAT
Ende der Eingabedatei
*1
   1:* CLS
   1:*
*
```

Nachdem nun die Eingabeaufforderung von Edlin wieder erscheint, tippen Sie [2] und drücken [↵]. Edlin zeigt den Inhalt der Zeile 2 an und erwartet eine Neueingabe:

```
C:>EDLIN SHORTDIR.BAT
Ende der Eingabedatei
*1
   1:* CLS
   1:*
*2
   2:* DIR /W
   2:*
```

Für unser Beispiel müssen Sie Zeile 2 von DIR /W auf DIR *.EXE /W ändern. Mit [↵] abschließen.

```
C:>EDLIN SHORTDIR.BAT
Ende der Eingabedatei
*1
   1:* CLS
   1:*
*2
   2:* DIR /W
   2:* DIR *.EXE /W
*
```

Geben Sie nun den Befehl [E] und drücken Sie wiederum auf [↵], um den veränderten Text zu speichern und zu DOS zurückzukehren.

```
C:>EDLIN SHORTDIR.BAT
Ende der Eingabedatei
*1
    :* CLS
    :*
*2
    :* DIR /W
    :* DIR *.EXE /W
*E
C:>
```

Grundlagen Batch-Dateien 1

Wenn Sie die neue Batch-Datei aufrufen, löscht MS-DOS den Bildschirm und zeigt nur Dateien mit der Erweiterung EXE an.

Wenn Sie das Bearbeiten der Datei beenden wollen, ohne Änderungen zu speichern, benutzen Sie den Befehl [Q] von Edlin. Das Programm reagiert in diesem Fall mit einer Rückfrage:

Bearbeiten abbrechen (J/N)?

Wenn Sie [J] (für »Ja«) tippen und [↵] drücken, verwirft Edlin Ihre Änderungen, d.h. führt keine endgültige Speicherung aus. Wenn Sie [N] (für »Nein«) eintippen und die Taste [↵] drücken, setzt Edlin die Bearbeitung fort.

Später werden wir Edlin benutzen, um Batch-Dateien zu erstellen, die Ihren Bildschirmaufbau verändern, und öfter verwendete DOS-Befehle den Funktionstasten auf Ihrer Tastatur zuzuordnen. Wir werden also mit unseren Erläuterungen zu DOS-Batch-Dateien und Batch-Befehlen fortfahren. Als erstes lassen Sie uns aber einen Blick auf einfache Batch-Dateien werfen, die Sie vielleicht bei Ihrer täglichen Arbeit verwenden wollen.

Mit Edlin erstellen wir eine weitere Batch-Datei namens SORTDIR.BAT - sie enthält den Befehl, eine sortierte Liste Ihrer Dateien zu drucken:

```
C:\> EDLIN SORTDIR.BAT
Neue Datei
* I
   :* DIR | SORT > PRN
   :* ^C
* E

C:>
```

Erstellen einer Batch-Datei mit EDIT

Die MS-DOS Version 5.0 enthält einen bildschirmorientierten Texteditor namens EDIT. Wenn Sie eine Liste der Dateien in Ihrem DOS-Verzeichnis (auf Festplattensystemen) oder auf Ihrer DOS-Diskette (auf Diskettensystemen) anzeigen lassen, erscheint dabei unter anderem die Datei EDIT.COM:

1 Grundlagen Batch-Dateien

```
C:\DOS> DIR EDIT.COM

Datenträger in Laufwerk C ist MS–DOS 5
Datenträgernummer: 0B42–A01D

Verzeichnis von C:\DOS
EDIT     COM   12320  25.06.90    12.00
1 Datei(en)   12320 Byte
          29231104 Byte frei
```

EDIT ist ein sogenannter *full-screen Editor*, d.h. arbeitet nicht wie Edlin mit einzelnen Zeilen, sondern verwendet den gesamten Bildschirm. Zur Demonstration der Arbeitsweise von EDIT erstellen wir mit ihm eine Batch-Datei mit dem Namen SHORTDIR.BAT, die die Befehle CLS und DIR /W enthält.

Aktivieren Sie EDIT von der DOS-Eingabeaufforderung aus und geben Sie dabei den Namen der zu bearbeitenden Datei an. (Wenn Sie keinen Dateinamen angeben, können Sie das später auch noch tun, wenn Sie die Datei auf der Platte speichern). Für unser Beispiel lautet Ihre Befehlszeile:

```
C:\> EDIT SHORTDIR.BAT
```

Nachdem Sie die Taste ⏎ gedrückt haben, zeigt EDIT den in Abbildung 1 wiedergegebenen Bildschirm an.

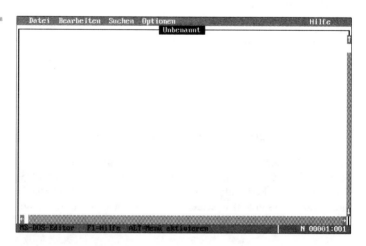

Abbildung 1
Startbildschirm
von EDIT

Der blinkende Unterstrich in der oberen linken Ecke ist der Cursor: er kennzeichnet die Stelle, an der von Ihnen eingegebene Zeichen er-

Grundlagen Batch-Dateien 1

scheinen. Zentriert über dem Feld, in das Sie eintippen, befindet sich der Dateiname SHORTDIR.BAT.

Wenn Sie beim Start von EDIT keinen Dateinamen angegeben haben, erscheint hier die Bezeichnung *Unbenannt*.

Hinweis

Oberhalb und links des Dateinamens befinden sich vier Menüs mit den Befehlen von EDIT. Für dieses Beispiel verwenden wir nur einige Menübefehle. (Eine vollständige Beschreibung von EDIT finden Sie im DOS-Handbuch.)

Um SHORTDIR.BAT zu erstellen, geben Sie die folgenden Befehle ein und drücken die Taste ⏎ am Ende jeder Zeile.

```
CLS
DIR /W
```

Zur Korrektur von Tippfehlern benutzen Sie die Rücktaste und geben dann den Rest der Zeile erneut ein. Wenn sich der Cursor auf einer anderen Zeile befindet, verwenden Sie die Richtungstasten, um den Cursor zu der Zeile zu bewegen, in der sich der Fehler befindet. Dann benutzen Sie auch in diesem Fall die Rücktaste und geben anschließend den Rest der Zeile neu ein.

Um SHORTDIR.BAT zu speichern, rufen Sie das Dateimenü wie folgt auf: Sie drücken erst die Taste [Alt] und dann die Taste [D]; als nächstes wählen Sie den Befehl Speichern durch Drücken der Taste [S].

Wenn Sie beim Start von EDIT keinen Dateinamen angegeben haben, zeigt EDIT eine Dialogbox an, die Sie um Eingabe des Dateinamens bittet. Hier tippen Sie einfach SHORTDIR.BAT ein und drücken die Taste ⏎, um der Datei einen Namen zu geben und sie zu speichern).

Bevor Sie die Batch-Datei ausprobieren, müssen Sie das Programm EDIT verlassen und zur DOS-Eingabeaufforderung zurückkehren. Um dies auszuführen, drücken Sie die Tasten [Alt]+[D] (um das Dateimenü aufzurufen) und dann [B] (um den Befehl »Beenden« auszuwählen).

Um mit Ihrer neu erstellten Datei zu arbeiten, tippen Sie SHORTDIR und drücken dann die Taste ⏎. MS-DOS löscht den Bildschirm und zeigt eine Liste der in dem Verzeichnis enthaltenen Dateien und Unterverzeichnisse im Breitformat an (was durch die Option /W veranlaßt wird).

1 Grundlagen
Batch-Dateien

EDIT erlaubt auch das Ändern bereits existierender Dateien. Um SHORTDIR.BAT so zu ändern, daß MS-DOS nur Dateien mit der Erweiterung EXE anzeigt, geben Sie wie zuvor EDIT zusammen mit dem Dateinamen ein:

```
C:> EDIT SHORTDIR.BAT
```

Da diese Datei bereits existiert, zeigt EDIT ihren Inhalt in dem Fenster an - und zwar exakt so, wie Sie den Text zuvor eingegeben hatten.

Um die Datei zu ändern, bewegen Sie den Cursor zu der Zeile, die Sie ändern wollen, führen die Änderung durch und speichern die Datei wieder. Wiederholen wir unser Beispiel mit Edlin, d.h. ändern wir den Befehl DIR /W in DIR *.EXE /W: Bewegen Sie den Cursor durch Drücken von [↓] um eine Zeile abwärts. Als nächsten Schritt drücken Sie die Taste [Ende], um den Cursor zum Ende der Zeile zu bewegen. Dann drücken Sie die Taste [←] zweimal, um den Cursor auf das Zeichen »/« zu setzen. Schließlich tippen Sie *.EXE ein, gefolgt von einem Leerzeichen. Die Zeichen /W, die sich bereits in der Zeile befinden, sollten sich während dieser Eingabe nach rechts bewegen.

Um die geänderte Datei zu speichern, drücken Sie [Alt]+[D] und dann [S]. Beenden Sie EDIT wie gehabt mit [Alt]+[D] und [B]. Wenn Sie nun die Batch-Datei aufrufen, löscht MS-DOS den Bildschirm und zeigt nur Dateien mit der Erweiterung EXE an.

Wenn Sie das Bearbeiten einer Datei in EDIT beenden und wieder zur DOS-Eingabeaufforderung zurückkehren möchten ohne irgendwelche Änderungen in der Datei zu speichern, wählen Sie nur »Beenden« im Menü »Datei«. EDIT reagiert daraufhin mit einer Sicherheitsrückfrage.

Grundlagen
Batch-Dateien 1

Wenn Sie in diesem Dialog »Ja« wählen, speichert EDIT den von Ihnen veränderten Text als Datei, bevor das Programm zur DOS-Eingabeaufforderung zurückkehrt. Dieser Mechanismus schützt Sie vor versehentlichem Verlassen des Programmes EDIT, bevor Änderungen gespeichert wurden. Wenn Sie »Nein« wählen, verwirft EDIT den Text, d.h. springt ohne Speicherung zur DOS-Eingabeaufforderung zurück. Die Auswahl von »Abbrechen« beendet schließlich den Dialog und bringt Sie wieder in die Datei zurück, wo Sie mit der Eingabe fortfahren können.

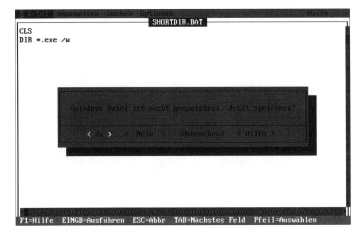

Abbildung 2
Die Dialogbox
Beenden

Konfigurieren Ihres Systems 2

Normalerweise zeigt MS-DOS in der Eingabeaufforderung das aktuelle Laufwerk an und läßt darauf das Zeichen »>« folgen - also beispielsweise C>. Erfreulicherweise sind die Möglichkeiten von DOS damit aber bei weitem nicht erschöpft: unter anderem kann man sich hier auch das aktuelle Verzeichnis anzeigen lassen. Zu diesem und anderen Zwecken existiert der Befehl PROMPT. Wie das Benutzerhandbuch erläutert, kann PROMPT mit einer Reihe von *Metazeichen* arbeiten - mit Zeichen, denen ein Dollarzeichen (»$«) vorausgeht. Wenn PROMPT ein solches Metazeichen erkennt, zeigt es den entsprechenden Text an. Die folgenden Metazeichen werden unterstützt:

Metazeichen	Text
$$	$ (Dollar-Zeichen)
$b	I-Verkettungszeichen
$d	Aktuelles Datum
$e	ASCII-Escape-Zeichen
$g	> (Größer-als-Zeichen)
$h	ASCII-Rückschritt-Zeichen
$l	< (Kleiner-als-Zeichen)
$n	Aktuelles Laufwerk
$p	Aktuelles Laufwerk und Verzeichnis
$q	=(Gleichheitszeichen)
$t	Aktuelle Uhrzeit
$v	MS-DOS-Versionsnummer
$_	Zeilenschaltung, neue Zeile

Tabelle 1
Metazeichen von PROMPT

2 Konfigurieren Ihres Systems

Unter OS/2 kommen fünf weitere Metazeichen hinzu:

Tabelle 2 - Erweiterungen von OS/2

Metazeichen	Text
$a	&-Zeichen
$c	(-Zeichen
$f	)-Zeichen
$i	Hilfszeile
$s	vorangehendes Leerzeichen einfügen

Sie können sich bestimmt vorstellen, daß es schwierig ist, sich an diese Metazeichen zu erinnern. Die bessere Alternative ist, die richtige Zeichenfolge zu erarbeiten und dann den entsprechenden PROMPT-Befehl in die Batch-Datei MYPROMPT.BAT einzugeben. Der folgende Befehl zeigt beispielsweise das aktuelle Datum und das aktuelle Laufwerk an. Zwei Zeilen darunter wird das aktuelle Verzeichnis in Klammern angezeigt.

```
PROMPT $d$_$_[$p]
```

Angenommen, Sie geben diesen Befehl in die Batch-Datei MYPROMPT.BAT ein und rufen diese Datei danach auf. Das Ergebnis:

```
Sam, 11.05.1991

[C:\DOS]
```

Wie Sie sehen, zeigt MS-DOS das aktuelle Datum an, gefolgt vom aktuellen Verzeichnis in eckigen Klammern. (Beachten Sie, daß den eckigen Klammern kein $-Zeichen vorangestellt wird und sie wie eingegeben auch angezeigt werden). Lassen wir außer acht, welche Eingabeaufforderung Sie in Ihrem System benutzen; die meisten Anwender sind der Meinung, daß eine funktionelle Eingabeaufforderung das aktuelle Laufwerk und Verzeichnis anzeigen muß. Wenn Sie die gewünschte Eingabeaufforderung mit einer DOS-Batch-Datei festlegen wollen, müssen Sie sich nicht an die PROMPT-Befehlszeile vom vorherigen Tag erinnern oder sie bei jedem Arbeitsabschnitt neu eingeben.

Wenn Sie das erste Mal den Befehl PRINT eingeben, installiert MS-DOS in Ihrem Arbeitsspeicher ein Programm, das Ihren Drucker und die zu druckenden Dateien steuert und es Ihnen ermöglicht, einige Optionen in die Befehlszeile einzubauen. Diese Optionen stehen für Dinge wie den Druckeranschluß (Standardvorgabe für parallele

Konfigurieren Ihres Systems 2

Schnittstellen: LPT1, für serielle Schnittstellen: COM1), die Größe der Druckwarteschlange - 4 bis 32 Dateien - (standardgemäß wird MS-DOS 10 zu drukkende Dateien in einer Liste bereithalten, die Warteschlange genannt wird) und verschiedene Festlegungen, wieviel Zeit der Computer für das Drucken der Dateien zur Verfügung stellen soll. Die folgende Tabelle beschreibt sie in aller Kürze:

Option	Funktion
/B	Stellt die Größe des Druckerpuffers ein
/C	Löscht eine oder mehrere Dateien aus der Druckwarteschlange
/D	Legt das Ausgabegerät fest
/M	Legt die Maximalzahl von Zeittakten zur Ausgabe eines Zeichens fest
/Q	Legt fest, wieviele Dateien die Druckwarteschlange aufnehmen kann
/S	Stellt die Zeitspanne ein, die für das Drucken im Hintergrund zugeordnet wird
/T	Löscht alle Dateien aus der Warteschlange
/U	Legt die Zahl der Zeittakte fest, die PRINT wartet, bis der Drucker verfügbar ist
/P	Druckt die Dateien, die auf dieser Befehlszeile angegeben werden

Tabelle 3
Parameter von PRINT

Die meisten Anwender benutzen die Standardvorgaben von PRINT, weil sie sich nicht an die verfügbaren Optionen erinnern. In vielen Fällen könnten Anwender ein besseres Ergebnis von Ihrem Drucker oder Computer erhalten, wenn sie nur ein paar einfache Optionen in den Befehl PRINT einbauen würden. DOS-Batch-Dateien ermöglichen es, auf einfache Art und Weise mit PRINT in seiner optimalen Eingabeform zu arbeiten. Für die meisten Anwender bringt die folgende Befehlszeile das beste Ergebnis:

PRINT /D:PRN /Q:32 /M:64 /U:16 /B:4096

Wenn Sie einen Drucker mit seriellem Anschluß verwenden, der mit dem entsprechenden Anschluß verbunden ist, ändern sie die Option /D in COM1:

PRINT /D:COM1 /Q:32 /M:64 /U:16 B/4096

2 Konfigurieren Ihres Systems

In beiden Fällen installiert der Befehl mit der Option /Q eine Warteschlange, die Platz für 32 Dateien bietet. Die Option /D legt den Druckeranschluß fest. Bei Angabe dieser Option unterdrückt PRINT die Rückfrage *Name des Ausgabegerätes [PRN]:*. Die Option /M stellt PRINT für die Ausgabe jedes Zeichens 64 Zeittakte zur Verfügung. Die Option /U weist PRINT an, zwischen zwei Ausgaben maximal 16 Zeittakte lang zu warten, bis der Drucker wieder verfügbar ist.

Die Option /B schließlich setzt einen Druckerpuffer mit 4096 Bytes. PRINT speichert die Daten zuerst im Puffer, bevor sie an den Drucker gesendet werden. Da dieser Pufferspeicher ziemlich groß ist (der Standardwert liegt bei 512 Bytes), reduziert er die Anzahl der Zugriffe auf die Platte beim Druckvorgang. Die Verminderung der Plattenzugriffe erhöht die Systemleistung insgesamt. Beachten Sie, daß OS/2 nur die Optionen /C, /D und /T unterstützt.

Sie könnten die Batch-Datei PRINTINS.BAT nennen (für »Print-Installation«). Obwohl MYPROMPT.BAT und PRINTINS.BAT ziemlich einfache Batch-Dateien sind, zeigen sie doch, wie einfach und leicht der Umgang mit schwierigen Befehlen wird.

Vielleicht wollen Sie diese Befehle bei Ihrer täglichen Arbeit verwenden oder immer dann, wenn Sie Ihren Computer einschalten. MS-DOS ermöglicht Ihnen die Erstellung der speziellen Batch-Datei AUTOEXEC.BAT, die bei jedem Systemstart ausgeführt wird. Wenn Sie OS/2 verwenden, führt das System bei jedem Start eine ähnliche Batch-Datei aus, die STARTUP.CMD genannt wird. AUTOEXEC.BAT und STARTUP.CMD haben den Zweck, gleichzeitig mit dem Systemstart eine Reihe von Befehlen jedesmal automatisch auszuführen.

Verwendung von AUTOEXEC.BAT

Um mit dem System vernünftig arbeiten zu können, müssen Anwender im allgemeinen eine Reihe von DOS-Befehlen ausführen. Diese Befehle umfassen PROMPT (zur Definition der Eingabeaufforderung), PRINT (Hintergrund-Druck), PATH (definiert Unterverzeichnisse und Plattenlaufwerke, die MS-DOS nach Programmen absucht), APPEND (definiert Unterverzeichnisse und Plattenlaufwerke, die MS-DOS nach Dateien absucht) und SET (definiert DOS-Umgebungsvariablen) sowie Aufrufe zur Installation speicherresidenter Programme. Wenn Sie diese Befehle in einer Batch-Datei festhalten, müssen sie nicht bei jedem Start Ihres Systems neu eingegeben werden.

Konfigurieren Ihres Systems 2

DOS sucht beim Start die Batch-Datei AUTOEXEC.BAT im Stammverzeichnis der Platte. Wenn diese Datei existiert, öffnet sie MS-DOS und führt die darin enthaltenen Befehle vom ersten bis zum letzten Befehl aus.

Wenn MS-DOS die Datei AUTOEXEC.BAT im Stammverzeichnis nicht finden kann, zeigt es eine Copyright-Meldung und führt danach die Befehle DATE und TIME aus.

Sehen wir uns einmal ein Beispiel für die Datei AUTOEXEC.BAT an:

```
PATH C:\DOS
PROMPT $p$g
PRINT /D:LPT1 /Q:32 /M:64 /U:16 /B:4096
```

Wir sehen drei Befehle, die man normalerweise in AUTOEXEC.BAT findet. Der erste Befehl

```
PATH C:\DOS
```

definiert den Suchpfad. Wenn es MS-DOS nicht gelingt, einen Befehl im aktuellen Verzeichnis oder im vom Benutzer angegebenen Verzeichnis zu finden, prüft es, ob Sie einen Suchpfad definiert haben. Der Befehl PATH ermöglicht Ihnen die Definition einer Liste mit einem oder mehreren Unterverzeichnissen, die MS-DOS nach ausführbaren Programmen durchsucht. Wenn MS-DOS das beschriebene Programm im Stammverzeichnis nicht finden kann, sucht es nach diesem Programm im Unterverzeichnis MS-DOS des Laufwerkes C:. Da dieses Unterverzeichnis alle externen DOS-Befehle enthält, wird MS-DOS den Befehl sehr wahrscheinlich finden. Wenn sich auf Ihrer Festplatte andere Unterverzeichnisse mit benötigten Programmen befinden, erlaubt Ihnen der PATH-Befehl, die neuen Verzeichnisse in den Suchpfad einzufügen. Der gesamte Suchpfad setzt sich aus dem Laufwerksbuchstaben und den jeweiligen Unterverzeichnisnamen zusammen, die jeweils durch ein Semikolon voneinander getrennt sind.

```
PATH C:\DOS;C:\UTIL;C:\BIN
```

Wenn es MS-DOS nicht gelingt, ein Programm im aktuellen bzw. dem vom Benutzer angegebenen Verzeichnis zu finden, setzt es die Suche im Unterverzeichnis C:\DOS fort. Findet sich das Programm auch dort nicht, geht die Suche mit dem nächsten in PATH angegebenen Verzeichnis weiter - in unserem Beispiel also in C:\UTIL und danach in C:\BIN.

Nehmen Sie in Ihren Suchpfad nur solche Unterverzeichnisse auf, die durchführbare Programme enthalten. Jedesmal, wenn MS-DOS den

2 Konfigurieren Ihres Systems

Suchpfad benutzt, prüft es jede Datei, jedes im Pfad spezifizierte Verzeichnis und stoppt, wenn es die Datei gefunden hat. Wenn ein Unterverzeichnis im Pfad kein ausführbares Programm enthält, verschwendet MS-DOS Zeit, um in diesem Verzeichnis nach der Datei zu suchen.

Der zweite Befehl in dieser Batch-Datei

```
PROMPT $p$g
```

ergänzt die DOS-Eingabeaufforderung entsprechend mit dem aktuellen Laufwerk und Verzeichnisnamen, gefolgt vom Zeichen »>«. Wenn Sie Laufwerke oder Verzeichnisse wechseln, ändert MS-DOS entsprechend Ihre Eingabeaufforderung und zeigt das aktuelle Laufwerk und Verzeichnis an. Nehmen wir an, daß in diesem Falle das aktuelle Verzeichnis das Stammverzeichnis im Laufwerk C: ist, so ergibt sich folgende Eingabeaufforderung.

```
C:\>
```

Wenn Sie CHDIR (Change Directory) verwenden, um in das Unterverzeichnis MS-DOS zu wechseln, ändert MS-DOS beispielsweise Ihre Eingabeaufforderung wie folgt:

```
C:\> CHDIR \DOS
C:\DOS>
```

DOS ändert die Eingabeaufforderung, wenn Sie das aktuelle Laufwerk wechseln. Nachfolgend ein Beispiel, wie sich die Eingabeaufforderung ändert, wenn Sie vom Laufwerk C: zu A: wechseln:

```
C:\DOS> A:
A:\>
```

Aus Bequemlichkeit lassen sich die meisten Anwender das aktuelle Laufwerk und Verzeichnis in der Eingabeaufforderung anzeigen.

Der dritte Befehl

```
PRINT /D:LPT1 /Q:32 /M:64 /U:16 /B:4096
```

installiert das Programm PRINT, das den Ausdruck von Dateien im Hintergrund des jeweils laufenden Programms ermöglicht.

Die aktuellen Befehle, die in Ihrer Datei AUTOEXEC.BAT enthalten sind, können Sie entsprechend Ihrem Programm variieren. Wenn Ihr System keine batteriebetriebene Uhr hat, die Systemdatum und Zeit speichert, sollten Sie die DOS-Befehle DATE und TIME in die Datei AUTOEXEC.BAT aufnehmen. Das Einfügen von DATE und TIME in diese Batch-Datei gewährleistet, daß Systemdatum und Uhrzeit immer auf dem aktuellen Stand sind (wobei natürlich vorausgesetzt wird, daß der Benutzer diese Werte jeweils korrekt eingibt).

Seien Sie besonders vorsichtig beim Ändern der Datei AUTOEXEC.BAT. Folgen Sie der Regel, niemals AUTOEXEC.BAT zu ändern, ohne vorher eine Sicherungskopie zu erstellen - etwa mit einem Befehl wie:

`C:\>COPY AUTOEXEC.BAT AUTOEXEC.SAV`

Wenn Sie später die vorhergehende Version der Datei wieder einsetzen möchten, haben Sie sie noch auf Ihrer Platte verfügbar.

AUTOEXEC.BAT und CONFIG.SYS

Vielen DOS-Anwendern ist der Unterschied zwischen diesen Dateien recht unklar - obwohl sich mit wenigen Sätzen eine exakte Definition abgeben läßt: AUTOEXEC.BAT ist eine Batch-Datei, deren einzige Besonderheit in der automatischen Ausführung beim Start des Systems besteht. (Tatsächlich würde Sie niemand davon abhalten, AUTOEXEC.BAT durch Eingabe des Namens AUTOEXEC zu beliebigen Zeitpunkten erneut auszuführen). CONFIG.SYS enthält dagegen Konfigurationsdaten für das System und wird beim Start von MS-DOS gelesen (nicht: ausgeführt).

DOS-Batch-Dateien müssen die Dateinamenserweiterung BAT haben. **Hinweis**
Dateien mit der Erweiterung SYS sind Systemdateien für spezielle Zwecke. Ein Beispiel für einen solchen Zweck ist die Konfiguration des gesamten Systems über die Datei CONFIG.SYS - sie enthält Anweisungen wie *BUFFERS = Anzahl* (legt die Anzahl der von MS-DOS verwendeten Puffer fest) und *FILES = Anzahl* (definiert die Anzahl der Dateien, die in MS-DOS gleichzeitig offen sein dürfen). Tabelle 4 beschreibt die Anweisungen, die in CONFIG.SYS enthalten sein können.

Der erste Schritt beim Start des Systems besteht aus dem Laden von MS-DOS in den Hauptspeicher. Darauf folgt das Lesen der Datei CONFIG.SYS: Die dort enthaltenen Anweisungen bestimmen im Detail, wie der Hauptspeicher genutzt wird. Falls die Datei CONFIG.SYS nicht existiert, kommen Standardvorgaben zum Einsatz.

Der dritte und letzte Schritt besteht aus dem Laden von COMMAND.COM und dem Bearbeiten der Datei AUTOEXEC.BAT, die - abgesehen von ihrer »Automatik« - wie gesagt eine völlig normale Batch-Datei darstellt.

2 Konfigurieren Ihres Systems

Tabelle 4
Befehle in
CONFIG.SYS

Befehl	Funktion
BREAK=	Bestimmt, wann MS-DOS auf die Tastenkombination [Strg]+[C]
BUFFERS=	Legt die Anzahl von I/O-Puffern im Arbeitsspeicher fest
COUNTRY=	Legt die landessprachlichen Konventionen für Ihr System fest (und ist ab der Version 2.1 von MS-DOS bzw. der Version 3.0 von PC-DOS definiert)
DEVICE=	Installiert einen Gerätetreiber in das Betriebssystem
DEVICE HIGH=	Lädt einen MS-DOS Gerätetreiber in den Speicherbereich oberhalb 640 KB (neu in MS-DOS Version 5.0)
DOS=	Legt den Bereich des Hauptspeichers fest, in den MS-DOS geladen werden soll (neu in MS-DOS Version 5.0)
DRIVPARM=	Legt Eigenschaften eines Laufwerkes fest (ab MS-DOS 3.2)
FCBS=	Legt die Anzahl der Dateisteuerblöcke fest, die MS-DOS gleichzeitig offen halten kann (ab Version 3.0)
FILES=	Legt die Anzahl der Dateien fest, die in MS-DOS gleichzeitig offen sein dürfen
INSTALL=	Erlaubt die Ausführung bestimmter DOS-Befehle während CONFIG.SYS gelesen wird (ab Version 4.0)
LASTDRIVE=	Legt die Anzahl der möglicher Laufwerksbezeichner fest (ab Version 3.0)
REM=	Leitet eine Kommentarzeile in CONFIG.SYS ein (ab Version 4.0) ▶

Konfigurieren Ihres Systems **2**

Befehl	Funktion
SHELL=	Legt fest, welcher Befehlsinterpreter verwendet wird (Standard: COMMAND.COM)
STACKS=	Legt fest, wieviel Platz MS-DOS im Arbeitsspeicher für Hardware-Interrupts reserviert (ab Version 3.2 bzw. Version 3.3 von PC-DOS)
SWITCHES=	Standardfunktionen für erweiterte Tastaturen (ab Version 5.0 bzw. Version 4.0 von PC-DOS)

Wichtige Befehle und Konzepte 3

Dieses Kapitel stellt eine Reihe einfacher, aber wichtiger Techniken vor und bildet damit eine weitere Grundlage für die effiziente Arbeit mit Batch-Dateien. Auch wenn es der folgende Abschnitt vermuten ließe, geht es dabei nicht nur um schlichte »Optik«.

Abschalten des »Echos«

Standardmäßig zeigt MS-DOS beim Abarbeiten von Batch-Dateien jeden Befehl an, den es gerade ausführt. Nehmen wir als Beispiel wieder die Batch-Datei GETINV.BAT, die die Befehle CALCINV, SORTINV, PRINTINV und ORDERINV enthält.

Selbst in dem (unwahrscheinlichen) Fall, daß diese vier Programme *überhaupt* keine direkten Ausgaben erzeugen, ist der Bildschirm nach Ausführung von GETINV.BAT recht voll - und damit entsprechend unübersichtlich:

```
C:\> GETINV
C:\>CALCINV
C:\>SORTINV
C:\>PRINTINV
C:\>ORDERINV
C:>
```

Bei einfachen Batch-Dateien wie GETINV.BAT ist ein derartiges Bombardement des Benutzers mit Details störend, bei komplexeren Abläufen und sorgfältig ausgearbeiteten Menüs ist es ein Ding der Unmöglichkeit.

Je nachdem, welche DOS-Version Ihnen zur Verfügung steht, haben Sie zwei Möglichkeiten, diese Anzeige zu unterdrücken. Anwender der MS-DOS Versionen 3.3 und höher sowie Anwender von OS/2 setzen das @-Zeichen an den Anfang einer Befehlszeile, um die Anzeige auszuschalten. Die Batch-Datei VERVOL.BAT gibt z.B. die Versions-

3 Wichtige Befehle und Konzepte

nummer des Betriebssystems sowie die aktuelle Datenträgerbezeichnung aus:

```
@VER
@VOL
```

Da beiden Batch-Befehlen (VER und VOL) ein »@« vorangeht, unterdrückt MS-DOS die Anzeige der Befehle. Das Ergebnis von VERVOL sieht ungefähr so aus:

```
MS-DOS Version 5.00
Datenträger in Laufwerk C ist MS-DOS 5
Datenträgernummer: 3921-18D3
C:>
```

Eine Batch-Datei VERVOL2.BAT, die beide Befehle in direkter Form (und ohne vorangestelltes »@«) enthält, erzeugt dagegen eine wesentlich unübersichtlichere Ausgabe:

```
C:\>VER
MS-DOS Version 5.00
C:\>VOL

Datenträger in Laufwerk C ist MS-DOS 5
Datenträgernummer: 3921-18D3
C:>
```

Hinweis Das Zeichen »@« wird von allen DOS-Versionen ab 3.3 sowie von OS/2 in der beschriebenen Weise interpretiert. Wenn der Tastaturtreiber KEYB geladen ist, erfolgt die Eingabe von »@« entweder über die Kombination [Strg]+[Alt]+[Q] oder via [Alt][6][4].

Benutzer älterer DOS-Versionen müssen den Befehl ECHO OFF verwenden, der dort der erste Befehl der Batch-Dateien ist.

Die Batch-Datei VERVOL3.BAT verwendet diese Technik:

```
ECHO OFF
VER
VER
```

Wenn Sie diese Datei aufrufen, erscheinen folgende Zeilen:

```
C:\>ECHO OFF
MS-DOS Version 5.00

Datenträger in Laufwerk C ist MS-DOS 5
Datenträgernummer: 3921-18D3

C:>
```

Wichtige Befehle und Konzepte 3

Wie Sie sehen, fehlt die Anzeige der Befehle VER und VOL. MS-DOS zeigt jedoch folgende Nachricht an:

`C:\>ECHO OFF`

Wenn Sie MS-DOS Version 3.3 (oder später) oder OS/2 benutzen, können Sie die ECHO OFF-Nachricht ebenfalls ausblenden, indem Sie vor den Befehl ECHO OFF das Zeichen »@« setzen. Wenn Sie eine ältere Version von MS-DOS benutzen, könnten Sie den Befehl CLS in die Batch-Datei einfügen, der direkt auf ECHO OFF folgen sollte. Dadurch wird der Bildschirm vor der Ausgabe der Befehle VER und VOL gelöscht:

```
ECHO OFF
CLS
VER
VOL
```

Nehmen wir an, daß diese Batch-Datei VERVOL4.BAT genannt wird. Bei der Ausführung dieser Datei wird von MS-DOS folgendes angezeigt:

```
MS-DOS Version 5.00

Datenträger in Laufwerk C ist MS-DOS 5
Datenträgernummer: 3921-18D3

C:>
```

In den weiteren Abschnitten dieses Buches werden wir uns ausgiebig mit der Verwendung des Befehls ECHO innerhalb von Batch-Dateien beschäftigen. Wir werden damit dem Anwender Anweisungen geben, die Bildschirmfarben setzen und sogar die Tasten auf Ihrer Tastatur neu belegen. Im Moment begnügen wir uns jedoch damit, daß der Befehl ECHO OFF die Anzeige von Batch-Befehlen bei deren Ausführung unterdrückt. Wenn Sie aus irgendwelchen Gründen die Anzeige einiger in Ausführung befindlicher Befehle wünschen (wir werden später sehen, wann das notwendig sein kann), so läßt sich das mit dem Befehl ECHO ON erreichen (der auch die Standardvorgabe von DOS darstellt). Diese letzte Version der Batch-Dateien VER und VOL, genannt VERVOL5.BAT, veranschaulicht die Anwendung von ECHO ON und ECHO OFF.

3 Wichtige Befehle und Konzepte

```
ECHO OFF
CLS
VER
ECHO ON
VOL
```

Wenn Sie diese Batch-Datei aufrufen, zeigt MS-DOS folgendes an:

```
MS-DOS Version 5.00

C:>VOL

Datenträger in Laufwerk C ist MS-DOS 5
Datenträgernummer: 3921-18D3

C:>
```

Wie Sie sehen, unterdrückt MS-DOS hier die Anzeige für CLS, VER und ECHO ON-Befehle. Nach der Ausführung des Befehls ECHO ON wird der Befehl VOL angezeigt.

Viele Anwender bevorzugen es, vor den Befehlen in ihrer AUTOEXEC.BAT-Datei das @-Zeichen oder den Befehl ECHO OFF zu setzen. MS-DOS unterdrückt dann die Anzeige der Befehle, während es die Befehle in der AUTOEXEC.BAT-Datei ausführt.

Der Batch-Befehl ECHO

Funktion

Unterdrückt oder aktiviert die Anzeige von Befehlsnamen, während MS-DOS die Befehle einer Batch-Datei durchführt.

Format

ECHO ON

oder

ECHO OFF

Erläuterung

Der Befehl ECHO OFF verhindert die Anzeige, während die Batch-Datei von MS-DOS abgearbeitet wird. Durch Unterdrückung der Befehlsanzeige reduzieren Sie das Durcheinander auf dem Bildschirm und die daraus resultierende Verwirrung beim Anwender. Die Standardvorgabe von MS-DOS ist ECHO ON: Befehle werden also vor ih-

Wichtige Befehle und Konzepte 3

rer Ausführung angezeigt. Am Ende einer Batch-Datei führt MS-DOS ein implizites ECHO ON aus.

Bei Verwendung der Version 3.3 (oder höher) bzw. von OS/2 können Sie die Befehlsanzeige in einer Batch-Datei unterdrücken, indem Sie jedem Befehl das Zeichen »@« voranstellen.

Zusätzlich zur Unterdrückung oder Aktivierung der Befehlsanzeige gibt der Batch-Befehl ECHO Ihren Batch-Dateien die Möglichkeit, Meldungen an den Anwender zu übermitteln.

Nehmen wir an, daß Ihre Batch-Datei mit den DOS-Befehlen TIME und DATE wie folgt arbeitet: **Beispiel**

```
TIME
DATE
```

Wenn Sie diese Batch-Datei aufrufen, zeigt MS-DOS standardmäßig jeden Befehlsnamen während der Ausführung an.

```
C:\>TIME
```

Gegenwärtige Uhrzeit: 11:26:46,03a
Neue Uhrzeit:

```
C:\>DATE
```

Gegenwärtiges Datum: Sa, 11.05.1991
Neues Datum (TT.MM.JJ):

Wenn Sie die Befehle ECHO OFF und CLS wie folgt in Ihre Batch-Datei einfügen

```
ECHO OFF
CLS
TIME
DATE
```

- dann unterdrückt MS-DOS die Anzeige der Befehle bei der Ausführung der Batch-Datei und zeigt folgendes an:

Gegenwärtige Uhrzeit: 11:26:46,03a

Neue Uhrzeit:

Gegenwärtiges Datum: Sa, 11.05.1991
Neues Datum (TT.MM.JJ):

3 Wichtige Befehle und Konzepte

≡ Abbrechen einer Batch-Datei

Wenn Sie ein Batch-Programm abbrechen wollen, drücken Sie die Tastenkombination [Strg]+[C]. Das Ergebnis ist die folgende Meldung:

Stapelverarbeitung abbrechen (J/N)?

Wenn Sie [J] drücken, beendet MS-DOS sofort den Programmablauf. Drücken Sie [N], dann beendet MS-DOS den Befehl, den es gegenwärtig ausführt und geht dann über zum nächsten Befehl in der Batch-Datei. Um diesen Vorgang zu verdeutlichen, sehen wir uns nochmals die Batch-Datei TIMEDATE.BAT an, die die Befehle TIME und DATE enthält. Wenn Sie diese Datei starten, führt MS-DOS erst den Befehl TIME aus:

C:\> TIMEDATE

Gegenwärtige Uhrzeit: 11:39:22,25
Neue Uhrzeit:

Sie geben dagegen keine neue Uhrzeit ein, sondern drücken die Tastenkombination [Strg]+[C]. Daraufhin erscheint die Meldung:

Stapelverarbeitung abbrechen (J/N)?

C:\>TIMEDATE

Gegenwärtige Uhrzeit: 11:39:22,25a
Neue Uhrzeit: ^C

Stapelverarbeitung abbrechen (J/N)?

In diesem Fall drücken Sie [J]. MS-DOS beendet die Ausführung der gesamten Batch-Datei und kehrt sofort zu der Eingabeaufforderung zurück.

Rufen Sie nun TIMEDATE.BAT ein zweites Mal auf und drükken Sie erneut [Strg]+[C].

C:\> TIMEDATE
Gegenwärtige Uhrzeit: 11:39:22,25
Neue Uhrzeit: ^C

Stapelverarbeitung abbrechen (J/N)?

Dieses Mal beantworten Sie die Rückfrage mit [N]: MS-DOS beendet die Batch-Datei nicht, sondern bricht lediglich den momentan aus-

Wichtige Befehle und Konzepte 3

geführten Befehl ab und geht dann zum nächsten Befehl über, der in diesem Fall DATE heißt:

```
C:\> TIMEDATE
Gegenwärtige Uhrzeit: 11:39:22,25a
Neue Uhrzeit:  ^C
Stapelverarbeitung abbrechen (J/N)? N
Gegenwärtiges Datum: Sa, 11.05.1991
Neues Datum (TT.MM.JJ):
```

Bei OS/2 beendet [Strg]+[C] die Durchführung der Batch-Datei und kehrt sofort zur Eingabeaufforderung des Systems zurück.

Hinweis

Ausgabeumleitungen

Eine Ausgabeumleitung, die sich auf Befehle in der Batch-Datei bezieht, muß nach dem jeweiligen Befehl *innerhalb* der Batch-Datei eingegeben werden - also nicht etwa beim Aufruf der Batch-Datei selbst. Die Datei DIRAB.BAT besteht z.B. aus den Befehlen:

```
DIR A:*.*
DIR B:*.*
```

Bei einem Aufruf dieser Datei als

```
DIRAB > PRN
```

werden die Ausgaben der beiden DIR-Befehle *nicht* zum Drukker gesendet, sondern landen wie gewöhnlich auf dem Bildschirm. Um die Daten zum Drucker zu leiten, muß die Umleitung direkt mit den jeweiligen MS-DOS-Befehlen verbunden werden. Darum sollte DIRAB.BAT wie folgt neu eingegeben werden:

```
DIR A:*.* > PRN
DIR B:*.* > PRN
```

In diesem Falle wird MS-DOS die Ausgabe der DIR-Befehle an den Drucker umleiten. Auch in diesem Fall erscheinen die beiden DIR-Befehle selbst noch auf dem Bildschirm. Mit ECHO OFF bzw. einem vorangestellten »@« läßt sich das verhindern:

```
@DIR A:*.* > PRN
@DIR B:*.* > PRN
```

3 Wichtige Befehle und Konzepte

Verständliche Batch-Dateien

Der Name, den Sie einer Batch-Datei geben, sollte einen Hinweis auf den Anwendungszweck der Datei geben. In gleichem Maße, wie Ihre Batch-Dateien an Umfang zunehmen, haben Sie vielleicht Schwierigkeiten, sich nicht nur an die Reihenfolge der Batch-Befehle zu erinnern, sondern auch an die Optionen, die in jeder Befehlszeile enthalten sind. Um Ihnen die Erinnerung oder anderen Anwendern das Verständnis zu erleichtern, existiert der Befehl REM (für »Remark« = Kommentar, Bemerkung) mit dem Sie einen Kommentar in ein Batch-Programm einfügen, der Informationen für den Anwender enthält. Eine mit REM eingeleitete Befehlszeile wird von MS-DOS vollständig ignoriert, d.h. die Bearbeitung der Batch-Datei mit der jeweils nächsten Zeile fortgesetzt.

Urteilen Sie selbst, wie der Befehl REM die Lesbarkeit der Batch-Datei GETINV.BAT verbessert:

```
ECHO OFF
REM Name: GETINV.BAT
REM Funktion: führt eine Inventur durch
REM
REM Verfasser: K. Jamsa 01.06.91
REM
REM Benutzen Sie das Programm CALCINV, um
REM gegenwärtiges Inventar festzustellen
CALCVINV
REM Benutzen Sie das Programm SORTINV, um
REM eine unterteilte Liste des gegen-
REM wärtigen Inventars festzustellen.
SORTINV
REM Benutzen Sie das Programm PRINTINV, um Bildschirm-
REM kopien des aktuellen Inventars zu drucken
PRINTINV
REM Benutzen Sie das Programm ORDERINV, um
REM Bestellungen auszuführen
ORDERINV
```

Der erste Eindruck von der Länge der Batch-Datei wird Sie vielleicht überraschen. Nachdem Sie jedoch die Bemerkungen gelesen haben, werden Sie die Arbeitsweise der Datei verstehen.

Der Befehl ECHO OFF verhindert die Anzeige des DOS-Befehls, der gerade ausgeführt wird. Wenn Sie den Befehl ECHO OFF nicht einfügen, wird MS-DOS jeden REM-Befehl, sobald er von der Batch-Datei ausgeführt wird, auf dem Bildschirm anzeigen. (Merke: REM ist als Hilfe für das Lesen einer Datei gedacht. Wenn MS-DOS jeden REM-Befehl auf dem Bildschirm anzeigt, ist das Ergebnis vermutlich recht verwirrend).

Die Zeilen 2 bis 6 erklären den Zweck der Batch-Datei, wer sie geschrieben hat und wann sie geschrieben wurde. Das Einfügen dieser Informationen gibt Ihnen einen Bezugspunkt zur Datei und auch ein Erstellungsdatum, das Sie über die Aktualität Ihrer Version informiert.

Wenn jemand Änderungen in der Batch-Datei vornehmen möchte, sollte er eine Zeile einfügen, die das Datum und den Änderungsgrund enthält.

```
ECHO OFF
REM Name: GETINV.BAT
REM Funktion: führt eine Inventur durch
REM
REM Verfasser: K. Jamsa 01.06.91
REM Letzte Änderung: D. Jamsa
REM 12.09.91 Druck zweier
REM Inventarkopien
REM
```

Sogar die einfachste Batch-Datei kann einige Wochen nach Ihrer Erstellung verwirren. Um dies zu verhindern, verwenden Sie REM. Die wenigen Minuten, die Sie damit verbringen, Ihre Batch-Datei zu dokumentieren, werden Ihnen Zeit und Mühe sparen, wenn Sie später die Datei ändern müssen.

Der Batch-Befehl REM

Funktion
Erlaubt das Einfügen von Kommentaren in eine Batch-Datei, die die Arbeitsweise des Programms erklären.

Format
REM Text

Erläuterung
Entsprechend dem Umfang einer Batch-Datei nehmen auch die Schwierigkeiten zu, die Arbeitsweise einer solchen Datei zu verstehen. Der Befehl REM ermöglicht es, Gedächtnisstützen einzufügen,

3 Wichtige Befehle und Konzepte

die den Zweck der Datei erläutern. Trifft MS-DOS auf einen REM-Befehl, so wird diese Zeile ignoriert und MS-DOS setzt die Ausführung mit dem nächsten Befehl fort.

Der Befehl ECHO OFF unterdrückt die Anzeige von Kommentaren in Ihrer Batch-Datei.

Beispiel   Ihre Batch-Datei sollte wenigstens einige Zeilen am Anfang enthalten, die bekanntgeben, wer sie geschrieben hat und wann sie erstellt wurde:

```
REM Monatliche Datensicherungsprozedur
REM Verfasser: K. Jamsa
REM              01.06.1991
REM Funktion: Kopiert alle Dateien auf Diskette
```

Kommentare und Lesbarkeit

Der REM-Befehl ermöglicht Ihnen das Einsetzen von sinnvollen Kommentaren, um später den Programmablauf besser verstehen zu können. Je mehr REM-Anweisungen jedoch hinzugefügt werden, desto verwirrender kann das Erscheinungsbild einer Batch-Datei für den Leser sein.

Um dies zu vermeiden, fügen viele Anwender Leerzeilen in Ihre Datei ein, um logisch zugeordnete Befehle voneinander zu trennen. Das Separieren der Befehle ermöglicht dem Leser ein abschnittsweises Betrachten des Programmes. Eine Datei, die in kleine Abschnitte unterteilt ist, vermag den Leser weniger einzuschüchtern; die Leerzeilen verbessern zusätzlich das äußere Erscheinungsbild:

```
ECHO OFF
REM Name: GETINV.BAT
REM Funktion: führt eine Inventur durch
REM
REM Verfasser: K. Jamsa 01.06.91
REM
REM Benutzen Sie das Programm CALCINV, um
REM gegenwärtiges Inventar festzustellen
CALCVINV
REM Benutzen Sie das Programm SORTINV, um
REM eine unterteilte Liste des gegen-
REM wärtigen Inventars festzustellen.
SORTINV
```

Wichtige Befehle und Konzepte 3

```
REM Benutzen Sie das Programm PRINTINV, um Bildschirm-
REM kopien des aktuellen Inventars zu drucken
PRINTINV
REM Benutzen Sie das Programm ORDERINV, um
REM Bestellungen auszuführen
ORDERINV
```

Abläufe vorübergehend anhalten

Viele Batch-Dateien führen ihre Anweisungen vom ersten bis zum letzten Befehl aus, ohne dem Anwender eine Unterbrechungsmöglichkeit zu bieten. Für Fälle, in denen der Anwender eine bestimmte Diskette in ein Laufwerk einlegen oder den Drucker betriebsbereit machen soll, existiert der Befehl PAUSE: Er sorgt für ein vorübergehendes Anhalten des Programmablaufs.

Wenn das Programm den Befehl PAUSE ausführt, zeigt MS-DOS die folgende Meldung am Bildschirm an:

```
Eine beliebige Taste drücken, um fortzusetzen
```

Wenn der Anwender eine beliebige Taste drückt, wird der Programmablauf mit der nächsten Befehlszeile fortgesetzt. Möchte der Anwender den Programmablauf abbrechen, dann kann er an dieser Stelle die Tastenkombination [Strg]+[C] benutzen.

Betrachten wir die Batch-Datei PRINTDIR.BAT. Sie druckt die Dateien des aktuellen Verzeichnisses aus. Vor dem Drucken der Verzeichnisliste zeigt die Datei folgende Meldung:

```
PAUSE Drucker betriebsbereit ?
Eine beliebige Taste drücken, um fortzusetzen
```

Wie Sie vielleicht bereits vermuten, enthält die Datei die beiden Befehle:

```
PAUSE Drucker betriebsbereit ?
DIR > PRN
```

Wenn Sie diese Batch-Datei ausführen, wartet PAUSE, bis Sie eine beliebige Taste zur Fortsetzung drücken.

Die nächste Batch-Datei, genannt PAUSETWO.BAT, benutzt den Befehl PAUSE zweimal, um eine gedruckte Liste der Dateien in Laufwerk A: zu erhalten. Der erste PAUSE-Befehl fordert den Anwender auf, eine Diskette in Laufwerk A: einzulegen; der zweite, den Drucker einzuschalten.

3 Wichtige Befehle und Konzepte

```
PAUSE Diskette in Laufwerk A: einlegen
PAUSE Bitte Drucker einschalten!
DIR A:> PRN
```

Wenn Sie diese Batch-Datei aufrufen, führt MS-DOS den ersten PAUSE-Befehl aus und zeigt folgendes:

```
PAUSE Diskette in Laufwerk A: einlegen
Eine beliebige Taste drücken, um fortzusetzen
```

Wenn Sie eine Diskette in Laufwerk A: einlegen und eine Taste drücken, führt MS-DOS den zweiten PAUSE-Befehl aus und zeigt folgendes:

```
PAUSE Bitte Drucker einschalten!
Eine beliebige Taste drücken, um fortzusetzen
```

Wenn Sie den Drucker eingeschaltet haben und eine Taste drücken, führt die Datei den Befehl DIR aus und leitet die Ausgabe zum Drucker um.

Beachten Sie, daß keine der beiden vorgenannten Batch-Dateien den Befehl ECHO OFF benutzt, um die Befehlsanzeige zu unterdrücken. MS-DOS unterdrückt dann ebenfalls die Meldung, die in der Befehlszeile PAUSE enthalten ist, wenn eine Batch-Datei den Befehl ECHO OFF vor dem PAUSE-Befehl enthält. Als Ergebnis erscheint auf dem Bildschirm die folgende Systemmeldung:

```
Eine beliebige Taste drücken, um fortzusetzen.
```

Die nächste Batch-Datei, genannt NOMSG.BAT, veranschaulicht, daß ECHO OFF die Anzeige der Meldung in der Befehlszeile unterdrückt.

```
ECHO OFF
PAUSE Bitte Drucker einschalten
DIR > PRN
```

Wenn Sie diese Datei aufrufen, zeigt MS-DOS folgendes an:

```
C:\>ECHO OFF
Eine beliebige Taste drücken, um fortzusetzen
```

Wie Sie sehen, hat MS-DOS hier tatsächlich die Nachricht *Bitte Drucker einschalten* unterdrückt.

Eine Batch-Datei, die den Befehl PAUSE verwendet, sollte den Befehl ECHO ON benutzen, um die Anzeige von einigen Batch-Befehlen zu aktivieren und den Befehl ECHO OFF, um unerwünschte Bildschirmanzeigen auszuschalten.

Wichtige Befehle und Konzepte 3

Betrachten wir die Datei ECHOTEST.BAT, welche Befehlsanzeigen so ein- und ausschaltet, daß die Meldung PAUSE nicht unterdrückt wird.

```
ECHO OFF
VER
VOL
ECHO ON
PAUSE Nun ist ECHO eingeschaltet!
ECHO OFF
VER
VOL
```

Wenn Sie diese Batch-Datei aufrufen, gibt MS-DOS folgendes aus:

```
C:\>ECHO OFF

MS-DOS Version 5.00

Datenträger in Laufwerk C ist MS-DOS 5
Datenträgernummer: 3921-18D3

C:\>PAUSE Nun ist ECHO eingeschaltet!
Eine beliebige Taste drücken, um fortzusetzen

C:\>ECHO OFF

MS-DOS Version 5.00

Datenträger in Laufwerk C ist MS-DOS 5
Datenträgernummer: 3921-18D3

C:>
```

Hinweis Wenn Sie die Version 3.3 (oder höher) von MS-DOS bzw. OS/2 verwenden, können Sie die Nachricht ECHO OFF unterdrücken, indem Sie die Befehlszeile mit dem Zeichen »@« einleiten.

Längere Batch-Abläufe wird man allerdings meist starten, um sie unbeaufsichtigt ablaufen zu lassen - und bis ein Anwender in diesem Fall merkt, daß das System eine Rückfrage hat, kann es schon einmal einige Zeit dauern - es sei denn, man macht den Benutzer zusätzlich darauf aufmerksam.

Die Frage nach dem »Wie« ist recht schnell beantwortet, wenn man ein wenig in die Tiefen des ASCII-Zeichensatzes einsteigt. Dieser Zeichensatz wird vom Computer dazu benutzt, Buchstaben, Nummern und Symbole auf Ihrem Bildschirm anzuzeigen.

3 Wichtige Befehle und Konzepte

Jeder Buchstabe und jede Nummer, die der Computer anzeigt oder die vom Drucker gedruckt wird, entspricht einem Wert zwischen 0 und 255. Zusätzlich zu den Groß- und Kleinbuchstaben, den Ziffern und Interpunktionszeichen enthält der ASCII-Zeichensatz einige spezielle Codes für die Steuerung von Geräten: so erzeugt beispielsweise der Code 7 einen Piepton über den eingebauten Lautsprecher.

Um dieses »Klingelzeichen« ertönen zu lassen, muß die Meldung hinter dem Befehl PAUSE um den ASCII-CODE 7 ergänzt werden. Um das Zeichen in die Befehlszeile PAUSE einzufügen, existieren verschiedene Methoden.

Beginnen wir erst einmal mit der Erstellung einer Batch-Datei mit dem Namen BELL.BAT nennen. Dazu benutzen wir folgenden Befehl:

```
C:\> COPY CON BELL.BAT
```

Tippen Sie das Wort PAUSE und dann ein Leerzeichen. Drücken Sie jedoch noch nicht die Eingabetaste. Als nächstes fügen wir drei ASCII 7-Zeichen in die Befehlszeile hinter PAUSE ein, damit Ihr Computer drei Pieptöne von sich gibt, wenn Sie BELL.BAT ausführen.

Es gibt drei Methoden, ASCII 7 einzugeben. Die erste Methode ist, die Taste [Alt] gedrückt zu halten und dann die Ziffer [7] über den numerischen Ziffernblock (an der rechten Seite der Tastatur) einzugeben. (Merke: In diesem Fall *müssen* Sie den numerischen Ziffernblock benutzen - und nicht die Zifferntasten auf der Schreibmaschinentastatur).

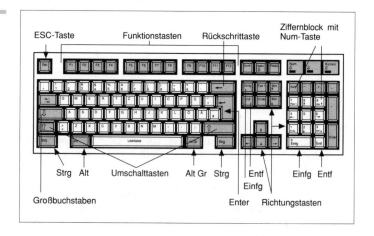

Abbildung 3
Das Tastenfeld ganz rechts stellt den numerischen Ziffernblock dar

Wichtige Befehle und Konzepte 3

Wenn Sie die Taste [Alt] nach der Eingabe von [7] wieder lösen, schreibt MS-DOS die Zeichen ^G (sprich [Strg]+[G]) auf den Bildschirm:

```
C:\>COPY CON BELL.BAT
PAUSE ^G
```

Wenden Sie dieses Verfahren insgesamt dreimal an.

Die Taste [Alt] muß zwischen aufeinanderfolgenden Eingaben von ASCII-Codes gelöst werden.

Hinweis

```
C:\>COPY CON BELL.BAT
PAUSE ^G^G^G
```

Als nächstes vervollständigen Sie die Batch-Datei durch Eingabe der Meldung PIEP PIEP PIEP.

```
C:\>COPY CON BELL.BAT
PAUSE ^G^G^G PIEP PIEP PIEP
^Z
      1 Datei(en) kopiert

C:>
```

Wenn Sie nun BELL.BAT ausführen, gibt der Computer drei Pieptöne von sich. Auf dem Bildschirm erscheint:

```
PIEP PIEP PIEP
```

Darauf folgt die gewohnte Meldung *Eine beliebige Taste drücken, um fortzusetzen*. Anschließend wartet das System auf einen Tastendruck.

MS-DOS und OS/2 stellen den Zeichencode 7 nur bei der Eingabe mit ^G dar - bei der Ausgabe reagiert lediglich der eingebaute Lautsprecher, auf dem Bildschirm erscheint nichts.

Hinweis

Die zweite Methode, eine Batch-Datei zu erstellen, die sich auch akustisch bemerkbar macht, besteht in der Verwendung der Tastenkombination [Strg]+[G].

Wie zuvor erstellen Sie die Datei BELL.BAT über eine Kopie von der Tastatur. Für unser Beispiel werden wir die vorhergehende Version der Datei einfach überschreiben. Tippen Sie das Wort PAUSE und dann ein Leerzeichen:

```
C:\> COPY CON BELL.BAT
PAUSE
```

51

3 Wichtige Befehle und Konzepte

Als nächstes halten Sie die Taste [Strg] gedrückt und tippen ein [G], bevor Sie [Strg] wieder lösen:

```
C:\>COPY CON BELL.BAT
PAUSE ^G
```

Wiederholen Sie diesen Vorgang zweimal und tippen Sie dann dreimal das Wort PIEP, bevor Sie die Eingabe mit [↵] und [F6] abschließen. Der Bildschirm sollte danach folgendermaßen aussehen:

```
C:\>COPY CON BELL.BAT
PAUSE ^G ^G^G PIEP PIEP PIEP
^Z
    1 Datei(en) kopiert
C:>
```

Das Ergebnis eines Aufrufs dieser Version von BELL.BAT ist exakt dasselbe wie zuvor: Der Lautsprecher gibt drei Pieptöne von sich, auf dem Bildschirm erscheint erst PIEP PIEP PIEP und danach die gewohnte Meldung *Eine beliebige Taste drükken, um fortzusetzen*. Danach wartet das System auf eine Eingabe.

Die dritte und letzte hier vorgestellte Methode verwendet Edlin zur Erstellung von BELL.BAT. Wenn Sie die ersten beiden Experimente mitgemacht haben, müssen sie die dabei entstandene Datei erst einmal wieder löschen:

```
C:\> DEL BELL.BAT
```

Danach rufen Sie Edlin zusammen mit dem Namen der zukünftigen Datei auf:

```
C:\> EDLIN BELL.BAT
Neue Datei
*
```

Geben Sie den Befehl [I], um in den Einfügemodus von Edlin zu gelangen und tippen Sie dann das Wort PAUSE, gefolgt von einem Leerzeichen:

```
C:\>EDLIN BELL.BAT

Neue Datei
* I
    1:* PAUSE
```

Auch hier läßt sich der Zeichencode 7 über Tastenkombination [Strg]+[G] erzeugen. Tippen Sie also dreimal [Strg]+[G] und danach dreimal das Wort PIEP:

Wichtige Befehle und Konzepte 3

```
C:\>EDLIN BELL.BAT
Neue Datei
*I
    1:* PAUSE ^G^G^GPIEP PIEP PIEP
    2:*
```

Beenden Sie den Einfügemodus mit [Strg]+[C] und geben Sie danach den Befehl [E], um den Text als Datei zu speichern und Edlin zu beenden.

```
C:\>EDLIN BELL.BAT
Neue Datei
*I
    1:* PAUSE ^G^G^GPIEP PIEP PIEP
    2:* ^C
*E

C:>
```

Was das Erstellen einer Datei wie BELL.BAT mit einer Textverarbeitung betrifft, müssen wir auf das zum jeweiligen Programm gehörige Handbuch verweisen: Dort sollte beschrieben stehen, wie man spezielle Steuerzeichen eingibt. Später in diesem Buch werden wir noch die Zeichencodes des erweiterten ASCII-Zeichensatzes (128 bis 255) verwenden. Sie ermöglichen das Zeichnen von Rahmen und die Darstellung mathematischer Symbole.

Der Batch-Befehl PAUSE

Funktion
PAUSE gibt eine Meldung aus und hält das Programm an, bis der Benutzer eine Taste gedrückt hat. Danach wird das Programm fortgesetzt.

Format
PAUSE [Text]

Erläuterung
Wenn Ihre Batch-Datei den Befehl PAUSE ausführt, zeigt MS-DOS den (optional) hinter PAUSE eingegebenen Text an, gefolgt von der Meldung:

    Eine beliebige Taste drücken, um fortzusetzen

3 Wichtige Befehle und Konzepte

Wenn der Anwender eine beliebige Taste drückt, geht das Programm zur nächsten Befehlszeile in der Datei. Um das Programm zu beenden, muß der Anwender die Tastenkombination [Strg]+[C] drücken und dann die Meldung *Stapelverarbeitung abbrechen (J/N)?* mit [J] beantworten.

Der Batch-Befehl ECHO OFF unterdrückt die Anzeige der Meldung, die optional in der Befehlszeile PAUSE enthalten ist. In diesem Fall erscheint lediglich die Anweisung *Eine beliebige Taste drücken, um fortzusetzen* auf dem Bildschirm.

Beispiel   Die folgende Datei fordert den Anwender auf, eine Diskette mit einem Programm PAYROLL in Laufwerk A: einzulegen und danach eine beliebige Taste zu drücken.

```
PAUSE Diskette mit Datei PAYROLL in A: einlegen
PAYROLL
```

Wenn Sie diese Batch-Datei aufrufen, zeigt MS-DOS folgendes:

```
C:\>PAUSE Diskette mit Datei PAYROLL in Laufwerk A: einlegen
Eine beliebige Taste drücken, um fortzusetzen.
```

Meldungen mit ECHO

Der Befehl PAUSE ermöglicht es, dem Anwender Meldungen zu übermitteln, erwartet aber nach jeder Ausgabe einen Tastendruck. In vielen Fällen möchten Sie aber, daß Ihre Dateien Meldungen oder Eingabeaufforderungen anzeigen, ohne daß der Anwender ständig die Eingabetaste drücken muß. Für diesen Zweck hält der Batch-Befehl ECHO eine Lösung bereit. Neben dem Aktivieren bzw. Unterdrücken der Anzeige ausgeführter Befehle (ECHO ON bzw. ECHO OFF) läßt sich mit diesem Befehl ein einzeiliger Text ausgeben. Damit dabei kein Durcheinander entsteht, muß die Anzeige ausgeführter Befehle allerdings ausgeschaltet sein - weshalb die meisten Batch-Dateien mit dem Befehl ECHO OFF beginnen. Die Datei MESSAGE.BAT zeigt folgendes an:

```
Erste Meldung
Zweite Meldung
Letzte Meldung
```

Wichtige Befehle und Konzepte 3

Die Batch-Befehle sind:

```
ECHO OFF
CLS
ECHO Erste Meldung
ECHO Zweite Meldung
ECHO Dritte Meldung
```

Zuerst wird mit dem Befehl ECHO OFF die Befehlsanzeige ausgeschaltet. Wenn Sie diesen Befehl auslassen, bekommen Sie sozusagen jede Meldung doppelt dargestellt:

```
C:\>ECHO Erste Meldung
Erste Meldung

C:\>ECHO Zweite Meldung
Zweite Meldung

C:\>ECHO Dritte Meldung
Dritte Meldung
```

Die Fähigkeit von ECHO, Texte beliebiger Art auszugeben, eröffnet einem fast uneingeschränkte Möglichkeiten: Mit ECHO lassen sich Menüs aufbauen, Bildschirmfarben setzen und die Tastenbelegung neu definieren (wobei die beiden letzteren Techniken allerdings zusätzlich den Gerätetreiber ANSI.SYS voraussetzen).

Eine höchst einfache Anwendung von ECHO ist die Ausgabe von Copyright-Meldungen, wie das folgende Beispiel zeigt:

Beachten Sie, wie der Befehl ECHO in der folgenden Batch-Datei Copyright-Meldungen anzeigt.

```
ECHO OFF
REM Name: GETINV.BAT
REM Funktion: führt eine Inventur durch
REM
REM Verfasser: K. Jamsa 01.06.91
REM
REM Anzeige der Copyright-Meldung
ECHO GETINV.BAT - Copyright KAJ Software 1991
ECHO Alle Rechte vorbehalten.
REM
REM Benutzen Sie das Programm CALCINV, um
REM gegenwärtiges Inventar festzustellen
CALCVINV
REM Benutzen Sie das Programm SORTINV, um
REM eine unterteilte Liste des gegen-
REM wärtigen Inventars festzustellen.
SORTINV
```

3 Wichtige Befehle und Konzepte

```
REM Benutzen Sie das Programm PRINTINV, um Bildschirm-
REM kopien des aktuellen Inventars zu drucken
PRINTINV
REM Benutzen Sie das Programm ORDERINV, um
REM Bestellungen auszuführen
ORDERINV
```

Wenn der Anwender diese Batch-Datei aufruft, wird folgendes am Bildschirm ausgegeben:

```
ECHO OFF
GETINV.BAT - Copyright KAJ Software 1991
Alle Rechte vorbehalten
```

Wie zu sehen, können mit dem Befehl ECHO für den Anwender sinnvolle Meldungen angezeigt werden, ohne den Programmablauf zu unterbrechen.

Viele Anwender haben Schwierigkeiten beim Versuch, mit dem Befehl ECHO Leerzeilen in eine Batch-Datei einzugeben. Wenn Sie ECHO ohne Parameter nach dem Befehlsnamen eingeben (wie z.B. ON, OFF oder eine Meldung), zeigt ECHO standardmäßig seinen gegenwärtigen Status ECHO ON oder ECHO OFF an. Sie rufen z.B. von der MS-DOS Eingabeaufforderung den Befehl ECHO auf:

```
C:\> ECHO
ECHO ist eingeschaltet (ON)
C:>
```

Wenn Sie also keinen Parameter nach dem Befehl eingeben, zeigt ECHO nur seinen gegenwärtigen Status an. Die Batch-Datei SHOWECHO.BAT fordert ECHO auf, genau dies zu tun:

```
@ECHO Status anzeigen
@ECHO
@ECHO ECHO OFF, d.h. ausschalten
@ECHO OFF
@ECHO
```

Wenn Sie diese Datei aufrufen, wird folgendes angezeigt:

```
C:\> SHOWECHO
Status anzeigen
ECHO ist eingeschaltet (ON)
ECHO OFF, d.h. ausschalten
ECHO ist ausgeschaltet (OFF)
```

Selbst wenn Sie einige Leerzeichen nach dem Befehl ECHO eingeben, zeigt ECHO weiterhin seinen gegenwärtigen Status an. MS-DOS 5 und OS/2 V1.2 ermöglichen Ihnen die Anzeige einer Leerzeile

Wichtige Befehle und Konzepte 3

durch Eingabe des Befehls ECHO mit einem Punkt direkt nach dem Befehlsnamen (ECHO.). Um bei älteren Versionen Leerzeilen einzugeben, muß man mit dem ASCII-Zeichencode 255 arbeiten. Ihr Computer ordnet einzelnen Zeichen und Symbolen die ASCII-Codes 0 bis 127 zu; dasselbe gilt für den erweiterten ASCII-Zeichensatz und die Codes von 128 bis 255. Für das Leerzeichen verwendet der ASCII-Zeichensatz den Code 32. Wenn die ECHO-Befehlszeile nur Leerzeichen enthält, gibt ECHO seinen Status an. Wie man feststellen kann, ist dem ASCII-Code 255 auch ein Leerzeichen zugeordnet. Der Befehl ECHO erkennt jedoch diesen Code nicht als Leerzeichen. Wenn Sie deshalb den ASCII-Code 255 in die ECHO Befehlszeile eingeben, zeigt ECHO die Leerzeile an.

Erstellen Sie die Batch-Datei BLANK.BAT durch Kopieren der Befehle von der Tastatur.

```
C:\> COPY CON BLANK.BAT
```

Das Programm beginnt bei dem Befehl ECHO OFF und löscht den Bildschirm:

```
ECHO OFF
CLS
ECHO Eine Zeile überspringen
```

Um eine Zeile zu überspringen, geben Sie ECHO ein, gefolgt von einem Leerzeichen. Als nächstes halten Sie die Taste [Alt] gedrückt, während Sie auf dem numerischen Ziffernblock [2][5][5] eingeben. Wenn Sie die Taste [Alt] nun wieder lösen, werden Sie sehen, wie der Cursor eine Zeichenposition nach rechts rückt. Die ECHO-Befehlszeile enthält nun das Zeichen 255 des erweiterten ASCII-Zeichensatzes.

Auf diese Weise können wir die Batch-Datei vervollständigen:

```
C:\>COPY CON BLANK.BAT
ECHO OFF
CLS
ECHO Eine Zeile überspringen
ECHO <Alt-255>
ECHO Zwei Zeilen überspringen
ECHO <Alt-255>
ECHO <Alt-255>
ECHO Letzte Zeile
^Z
    1 Datei(en) kopiert

C:>
```

3 Wichtige Befehle und Konzepte

Wenn Sie die Batch-Datei aufrufen, wird folgendes angezeigt:

```
Eine Zeile überspringen

Zwei Zeilen überspringen


Letzte Zeile
```

Sollte ECHO anstelle der Leerzeilen dennoch den gegenwärtigen Status anzeigen, haben Sie die Tastenkombination [Alt]+[2][5][5] für die drei ECHO-Befehle nicht korrekt eingegeben.

Hinweis Für die Eingabe des Codes 255 müssen Sie den numerischen Ziffernblock benutzen.

Um ein Programm mit Edlin zu erstellen, das Leerzeilen ausgibt, gehen Sie in gleicher Weise vor. Nach Bearbeiten der Datei und Eingabe des Befehls ECHO halten Sie die Taste [Alt] gedrückt und tippen [2][5][5] (wobei Sie auch hier den numerischen Ziffernblock benutzen müssen).

```
C:\> EDLIN BLANK.BAT
Neue Datei
* I
    1:* ECHO <Alt-255>
```

Wenn Sie mit MS-DOS 5 arbeiten, können Sie ECHO durch Eingabe von ECHO. als Befehlszeile dazu veranlassen, eine Leerzeile auszugeben. Die Batch-Datei BLANK5.BAT benutzt den Punkt, um ECHO zur Anzeige von Leerzeilen zu veranlassen.

```
@ECHO OFF
ECHO Eine Zeile überspringen
ECHO.
ECHO Zwei Zeilen überspringen
ECHO.
ECHO.
ECHO Letzte Zeile
```

Wie Sie sehen, ist es unter MS-DOS 5 ein wenig einfacher (und einsichtiger) geworden, Leerzeilen in Ausgaben zu erzeugen.

Je mehr wir uns mit den Möglichkeiten der Batch-Programmierung auseinandersetzen, desto deutlicher wird, daß der Befehl ECHO einer der wichtigsten Batch-Befehle ist.

# Wichtige Befehle und Konzepte 3

Der Batch-Befehl ECHO

Funktion
Zeigt eine einzeilige Meldung an.

Format
ECHO Meldung

Erläuterung
Zusätzlich zum Anzeigen und Ausschalten von Befehlsanzeigen in Ihrer Batch-Datei kann der Befehl ECHO auch zum Anzeigen von einzeiligen Meldungen benutzt werden. Die Meldung kann eine einfache einzeilige Fehlermeldung sein, die dem Anwender mitteilt, daß eine Datei nicht gefunden wurde - oder auch ANSI-Escape-Zeichenfolgen enthalten, die den Bildschirm löschen und Bildschirmfarben setzen. In diesem Buch werden Sie ECHO dazu verwenden, Menüs zu erstellen, Pieptöne ausgeben zu lassen und die Tasten auf Ihrer Tastatur neu zu belegen.

Wenn Sie mit MS-DOS 5 arbeiten, können Sie durch Eingabe des Befehls ECHO. eine Leerzeile ausgeben.

ECHO.

Wenn Sie nicht mit MS-DOS 5 arbeiten, können Sie eine Leerzeile ausgeben, indem Sie ECHO und dann die Tastenkombination [Alt]+[2][5][5] eingeben.

Die folgende Datei benutzt ECHO, um einen Piepton über den eingebauten Lautsprecher des Computers zu erzeugen und dem Anwender so mitzuteilen, daß die Arbeit beendet ist.

Beispiel

```
ECHO OFF
CALCINV
SORTINV
PRINTINV
ORDERINV
ECHO Inventurbericht wird gerade gedruckt ;en
```

Hinweis: Das Zeichen ^G (= ASCII-Code 7) wird über die Eingabe von [Strg]+[G] erzeugt.

59

3 Wichtige Befehle und Konzepte

Wenn alle Befehle des Programmes abgearbeitet sind, bekommt der Benutzer drei Pieptöne zu hören, und MS-DOS zeigt auf dem Bildschirm:

```
Inventurvorgang ist abgeschlossen
Inventurbericht wird gerade gedruckt
```

Verzeichnis für Batch-Dateien

Je weiter Sie in der Erstellung von Programmen fortschreiten, desto mehr Platz werden sie auf Ihrem Datenträger beanspruchen. Viele Anwender speichern Ihre Dateien im gleichen Verzeichnis, in dem auch die DOS-Befehle gespeichert sind. (Warum? Weil dieses Verzeichnis normalerweise bereits in der Umgebungsvariablen PATH aufgeführt ist und deshalb von DOS automatisch nach Befehlen abgesucht wird).

Eine bessere Lösung ist allerdings, ein eigenes Verzeichnis zu erstellen, in dem die ständig benötigten Batch-Dateien abgelegt werden. Sie können dieses Verzeichnis beispielsweise UTIL (für »Utilities«) nennen:

```
C:\>MKDIR \UTIL
```

Nachdem Sie Ihre Batch-Dateien in dieses Verzeichnis kopiert haben, können Sie PATH modifizieren, um das neue Verzeichnis in Ihren Suchpfad einzufügen. Dabei sollten Sie allerdings beachten, daß MS-DOS wahrscheinlich jeden Dateinamen im Verzeichnis prüfen muß, um Ihre Batch-Datei zu finden. Wenn das Verzeichnis einige selten benutzte Dateien enthält, verschwendet das System Zeit, um diese Dateinamen zu prüfen. Deshalb sollten Sie den Inhalt dieses Verzeichnisses auf häufig benutzte Dateien beschränken.

Parameter erhöhen die Flexibilität 4

Batch-Dateien sollen helfen, Zeit und Tastenanschläge zu sparen. Betrachten wir die Batch-Datei P.BAT, die eine Kopie der Datei AUTOEXEC.BAT druckt. Diese Datei ist sehr kurz und enthält nur den folgenden Befehl:

PRINT \AUTOEXEC.BAT

Wenn Sie den Inhalt der Datei AUTOEXEC.BAT drucken möchten, müssen Sie nur die Taste [P] drücken und dann die Taste [↵]. Obwohl man mit P.BAT eine beträchtliche Anzahl von Tastenanschlägen einsparen kann, arbeitet diese Datei nicht sonderlich effizient, weil sie sich nur zum Drucken des Inhalts einer einzigen Datei verwenden läßt. Mit einem flexibleren Programm könnten Sie Befehle wie PRINT abkürzen und dennoch den Inhalt beliebiger Dateien drucken.

Sie geben Ihre Befehle immer in die Befehlszeile ein. MS-DOS-Befehlszeilen bestehen oft aus zwei Teilen: einem Befehlsnamen (wie z.B. DISKCOPY) und einem Parameter (wie z.B. die Laufwerksbezeichnungen A: und B:):

C:\>Diskcopy	A: B:
Befehl	Parameter

DOS unterstützt Parameter in Programmen. Wenn Sie Parameter benutzen, können Sie sehr schnell die Datei P.BAT erstellen, die den Befehl PRINT für jede Datei abkürzt. Aus dem Namen der Batch-Datei wird:

PRINT %1

Wie Sie sehen, enthält die Datei wie zuvor den MS-DOS-Befehl PRINT. Der Befehl fordert MS-DOS auf, %1 zu drucken (anstelle eines Dateinamens). Jedesmal, wenn Sie eine Datei aufrufen, ersetzt MS-DOS das Symbol %1 durch den Parameter. Wenn Sie die Datei P.BAT wie folgt aufrufen,

4 Parameter erhöhen die Flexibilität

```
C:\> P \AUTOEXEC.BAT
```

weist MS-DOS dem Symbol %1 den Parameter \AUTOEXEC.BAT zu - heraus kommt also:

```
PRINT \AUTOEXEC.BAT
```

Wenn Sie diese Datei später mit

```
C:\>P \CONFIG.SYS
```

aufrufen, ordnet MS-DOS den Parameter %1 dem Dateinamen \CONFIG.SYS zu:

```
C:\>P \CONFIG.SYS
     PRINT %1
     PRINT \CONFIG.SYS
```

Da der MS-DOS-Befehl PRINT die Jokerzeichen (»?« und »*«) unterstützt, können sie P.BAT auch in der folgenden Weise aufrufen:

```
C:\>P *.BAT
```

In diesem Falle druckt MS-DOS alle Dateien mit der Erweiterung BAT, die sich im aktuellen Verzeichnis befinden.

Wir haben hier die Flexibilität von Batch-Dateien durch Einsetzen eines Parameters in großem Maße erhöht. Erfreulicherweise ist dieses Verfahren nicht auf einen einzigen Parameter beschränkt: Insgesamt unterstützt MS-DOS Parameter von %0 bis %9. Wie soeben demonstriert, bekommt %1 den ersten Parameter einer Befehlszeile zugeordnet. Wenn eine Befehlszeile mehrere Parameter enthält - beispielsweise

```
C:\> PAYROLL JUNI JULI AUGUST
```

- dann ordnet MS-DOS der »Variablen« %1 den Text JUNI, der Variablen %2 den Text JULI und der Variablen %3 den Text AUGUST zu. (Maximal sind bei dieser direkten Zuordnung also neun Parameter möglich). Die Variable %0 bekommt den Namen der Batch-Datei selbst zugeordnet - in unserem Beispiel wäre das also PAYROLL. Zusammengefaßt:

```
C:\>PAYROLL JUNI JULI AUGUST
     %0    %1   %2   %3
```

Parameter erhöhen die Flexibilität 4

Die Datei SHOWNAME.BAT benutzt den Befehl ECHO, um ihren eigenen Namen anzuzeigen:

```
ECHO OFF
CLS
ECHO %0
```

Wenn Sie diese Batch-Datei aufrufen, zeigt DOS:

```
SHOWNAME
```

Mit ECHO können Sie die Inhalte der Variablen %0 bis %9 anzeigen. Wenn Ihre Datei im Programmablauf jemals den eigenen Dateinamen verwenden muß - was sehr selten vorkommt - finden Sie ihn in der Variablen %0.

Die Datei SHOWVAR.BAT verwendet den Befehl ECHO, um jeden Parameter von %0 bis %9 anzuzeigen.

```
ECHO OFF
CLS
ECHO %0 %1 %2 %3 %4 %5 %6 %7 %8 %9
```

Wenn Sie die Datei mit

```
C:\> SHOWVAR EINS ZWEI DREI
```

aufrufen, zeigt MS-DOS auf dem Bildschirm:

```
C:\>SHOWVAR EINS ZWEI DREI
SHOWVAR EINS ZWEI DREI
```

Wenn Sie die Datei mit

```
C:\> SHOWVAR A B C D E F G H
```

aufrufen, zeigt MS-DOS entsprechend:

```
SHOWVAR A B C D E F G H
```

Parameter sind für effizient arbeitende Batch-Dateien ein unbedingtes Muß. Die Datei CP.BAT benutzt die Parameter %1 bis %2, um den Befehl COPY abzukürzen:

```
COPY %1 %2
```

4 Parameter erhöhen die Flexibilität

Wenn Sie die Datei als:

`C:\> CP \AUTOEXEC.BAT \AUTOEXEC.SAV`

aufrufen, ordnet MS-DOS die Parameter folgendermaßen zu:

`C:\>CP \AUTOEXEC.BAT \AUTOEXEC.SAV`

`COPY %1 %2`

`COPY \AUTOEXEC.BAT \AUTOEXEC.SAV`

Später werden Sie sehen, wie man die Batch-Befehle IF und FOR verwendet.

Programmieren von Batch-Dateien 5

Alle Batch-Dateien, mit denen wir bis jetzt gearbeitet haben, führen ihre Befehle von der ersten bis zur letzten Zeile aus. Mit diesem Kapitel wird sich das ändern: Das Ausführen von Befehlen läßt sich von bestimmten Bedingungen abhängig machen, womit eine Batch-Datei eine Art eigener »Intelligenz« gewinnt, d.h. auf veränderte Situationen flexibel reagieren kann.

Bedingte Befehlsausführung

Da Ihre Dateien immer umfangreicher werden, möchten oder müssen Sie kontrollieren, welche Befehle MS-DOS nur bei Eintritt bestimmter Bedingungen ausführen soll. Der Befehl IF gibt dem Programm die Möglichkeit, einen Befehl nur unter einer bestimmten Bedingung auszuführen.

Durch Verwendung des Befehls IF kann das Programm sechs verschiedene Bedingungen testen: Die drei IF-Bedingungen - EXIST, *StringOne==StringTwo* und ERRORLEVEL - können durch die Bedingung NOT ergänzt werden. Dies ergibt sechs Bedingungen.

Die erste Form von IF ermittelt, ob eine bestimmte Datei auf dem Datenträger existiert, und wird auf folgende Weise benutzt:

```
IF EXIST Dateiname.Ext DOS-Befehl
```

Wenn der Befehl IF von MS-DOS gelesen wird, sucht MS-DOS auf dem Datenträger nach der angegebenen Datei. Der Dateiname kann zusätzlich einen Suchweg und einen Laufwerksbezeichner enthalten - falls nicht, sucht MS-DOS die entsprechende Datei im aktuellen Verzeichnis des aktuellen Laufwerks. Wenn die gesuchte Datei existiert, führt MS-DOS den im zweiten Teil der Zeile angegebenen Befehl aus, ansonsten wird dieser Befehl übersprungen.

Die »inverse« Variante dieser Prüfung sieht so aus:

```
IF NOT EXIST Dateiname.Ext DOS-Befehl
```

5 Programmieren von Batch-Dateien

Hier wird der DOS-Befehl nur ausgeführt, wenn sich die angegebene Datei *nicht* lokalisieren läßt.

Nehmen wir einmal an, Sie erstellen eine Datei namens T.BAT, um den Befehl TYPE abzukürzen. T.BAT sieht in der Grundform so aus:

```
TYPE %1
```

Schön wäre allerdings, wenn die Batch-Datei im Fehlerfall eine ordentliche Meldung ausgeben würde - etwa:

```
MEIER.DAT? Leider nicht gefunden!
```

Hier haben wir eine hervorragende Demonstrationsmöglichkeit für den Befehl IF EXIST: Mit ihm ließe sich prüfen, ob eine vom Benutzer angegebene Datei existiert (und folglich via TYPE ausgegeben werden kann). Eine neue Variante von T.BAT könnte folgendermaßen aussehen:

```
IF EXIST %1 TYPE %1
IF NOT EXIST %1 ECHO %1? Leider nicht gefunden!
```

Experimentieren Sie mit dieser Datei, indem Sie sie aufrufen und mit existierenden Dateien sowie mit nicht existierenden Dateien arbeiten lassen.

Wie Sie wissen, überschreibt MS-DOS eine existierende Datei auf den Datenträger, wenn diese Datei nicht mit dem Attribut »Schreibgeschützt«, »Versteckt« oder »System« versehen ist. Um einen in Ausführung befindlichen COPY Befehl daran zu hindern, eine bestimmte Datei zu überschreiben, möchten Sie vielleicht die einfache Batch-Datei MYCOPY.BAT erstellen. Diese benutzt den Befehl IF EXIST, um festzustellen, ob die Zieldatei bereits existiert. Wenn die gesuchte Datei auf dem Datenträger vorhanden ist, kann das Programm den Befehl PAUSE benutzen und so den Anwender warnen.

Hinweis Wenn die Ziel-Datei einer Kopie bereits existiert und ein oder mehrere Attribute aus der Gruppe »Schreibgeschützt«, »System« oder »Versteckt« hat, bricht MS-DOS den Vorgang mit der Meldung *Zugriff verweigert - Dateiname.Ext* ab. Anders gesagt: Dateien mit diesen Attributen werden grundsätzlich nicht überschrieben.

Wenn der Anwender auf den PAUSE-Befehl mit einem »normalen« Tastendruck reagiert, führt MS-DOS den Kopiervorgang aus. Alternativ kann er das Programm mit [Strg]+[C] beenden. Nehmen wir als Beispiel eine Datei MYCOPY.BAT, die zwei Befehle enthält:

```
@IF EXIST %2 PAUSE Zieldatei existiert bereits
@COPY %1 %2
```

Wenn die Zieldatei auf dem Datenträger existiert, ist das Ergebnis die Meldung:

```
Zieldatei existiert bereits
Eine beliebige Taste drücken, um fortzusetzen
```

Wenn der Anwender an dieser Stelle mit [Strg]+[C] reagiert, wird der COPY-Befehl nicht ausgeführt.

Man kann auch noch einen Schritt weitergehen und den Namen der bereits existierenden Datei mit ausgeben. Da dieser Name sowieso bereits über die Variable %2 verfügbar ist, gestaltet sich diese Erweiterung recht einfach:

```
@IF EXIST %2 PAUSE Datei %2 existiert bereits
@COPY %1 %2.
```

Wenn der Anwender hier beispielsweise AUTOEXEC.BAT als Ziel einer Kopie angeben würde, käme die folgende Rückfrage heraus:

```
C:\>Zieldatei AUTOEXEC.BAT existiert bereits
Eine beliebige Taste drücken, um fortzusetzen
```

Eine solche Meldung läßt definitiv keine Fragen mehr offen, d.h. bedarf keiner weiteren Erläuterung für den Anwender.

Der Batch-Befehl IF EXIST

Funktion

Prüft, ob eine Datei existiert. Wenn ja, wird der darauffolgende DOS-Befehl ausgeführt, ansonsten übersprungen.

Format

IF EXIST Dateiname.Ext DOS—Befehl

Erläuterung

Die Bedingung IF EXIST sucht auf dem Datenträger nach der spezifizierten Datei. Der Dateiname kann aus einem vollständigen MS-DOS Pfadnamen bestehen, der sich aus einem Laufwerksbezeichner und Verzeichnisnamen zusammensetzt. Fehlen diese zusätzlichen Angaben, sucht MS-DOS die Datei im aktuellen Verzeichnis.

5 Programmieren von Batch-Dateien

Beispiel Das folgende Programm prüft, ob das Stammverzeichnis des aktuellen Laufwerks eine Datei namens AUTOEXEC.BAT enthält. Wenn ja, gibt es diese Datei auf dem Drucker aus und stellt danach die Versionsnummer von MS-DOS auf dem Bildschirm dar; wenn nein, wird lediglich die Versionsnummer von MS-DOS ausgegeben.

```
IF EXIST \AUTOEXEC.BAT PRINT \AUTOEXEC.BAT
VER
```

Weitere IF-Bedingungen

Die dritte Variante von IF-Bedingungen prüft, ob zwei Zeichenketten identisch sind. Eine Zeichenkette (»String«) besteht aus einem oder mehreren aufeinanderfolgenden Zeichen. Das Format dieser IF-Bedingung ist:

```
IF StringOne==StringTwo DOS-Befehl
```

Wenn die Zeichenketten auf beiden Seiten des doppelten Gleichheitszeichens identisch sind, führt MS-DOS den danach angegebenen Befehl aus. Sind die Zeichenketten verschieden, wird dieser Befehl übersprungen.

Die vierte IF-Bedingung stellt eine Inversion der dritten dar: Sie prüft, ob zwei Zeichenketten verschieden sind.

```
IF NOT StringOne==StringTwo DOS-Befehl
```

Hier wird der nach dem Vergleich angegebene DOS-Befehl nur dann ausgeführt, wenn sich die beiden Zeichenketten voneinander unterscheiden; sind sie gleich, überspringt MS-DOS den Befehl und setzt die Batch-Datei direkt mit der nächsten Zeile fort.

Die Batch-Datei COLOR.BAT prüft einen als Parameter (%1) angegebenen Farbnamen:

```
ECHO OFF
IF %1==ROT ECHO Farbe ist Rot
IF %1==BLAU ECHO Farbe ist Blau
IF %1==WEIß ECHO Farbe ist Weiß
```

Rufen Sie die Datei auf:

```
C:\> COLOR BLAU
```

und angezeigt wird:

```
Farbe ist Blau
```

Programmieren von Batch-Dateien 5

Als nächstes rufen Sie die Datei mit dem Parameter ROT auf:

`C:\> FARBE ROT`

DOS gleicht die Prüfung folgendermaßen an:

`IF %1==ROT ECHO Farbe ist Rot`

Als Ergebnis zeigt DOS:

`Farbe ist Rot`

Wenn der Befehl IF zwei Zeichenketten als gleich identifizieren soll, müssen sie Buchstabe für Buchstabe gleich sein. Dies schließt Groß- und Kleinschreibung mit ein. Wenn Sie die Datei mit dem Parameter *Blau* aufrufen - also

`C:\> FARBE Blau`

- dann findet MS-DOS keine passende Farbe, da der Befehl IF die Strings *Blau* und *BLAU* nicht als identisch betrachtet.

Damit die Arbeitsweise von IF transparenter wird, können Sie den Befehl ECHO OFF einmal aus der Datei entfernen und sie erneut aufrufen - etwa mit:

`C:\> FARBE BLAU`

Da DOS in diesem Fall auch den IF-Befehl vor seiner Ausführung auf dem Bildschirm ausgibt, läßt sich direkt ermitteln, welche Zeichenfolgen dabei verglichen werden.

Als nächstes versuchen Sie, die Datei ohne Befehlszeilenparameter aufzurufen:

`C:\> FARBE`

Das Ergebnis ist die Meldung

`Syntaxfehler`

für jeden der drei Vergleiche. MS-DOS zeigt damit an, daß die Syntax bzw. das Format der IF-Befehle nicht den Erwartungen entspricht.

Erläuterung

Der Befehl IF vergleicht zwei Zeichenketten miteinander. Wenn Sie dem Parameter %1 keinen Wert zuordnen, »weiß« IF nicht, was mit was verglichen werden soll - und reagiert deshalb mit einem recht hilflosen »Syntaxfehler«. Mit einem Trick läßt sich allerdings sicherstellen, daß IF immer die erwarteten zwei Parameter erhält. Stellen

5 Programmieren von Batch-Dateien

Sie beide zu vergleichenden Zeichenketten einfach in Anführungszeichen:

```
IF "%1"=="ROT" ECHO Farbe ist Rot
IF "%1"=="BLAU" ECHO Farbe ist Blau
IF "%1"=="WEIß" ECHO Farbe ist Weiß
```

Wenn der Anwender den Befehl

C:\> FARBE BLAU

eingibt, führt das Programm nun den Vergleich aus:

```
IF "BLAU"=="BLAU" ECHO Farbe ist Blau
```

Ein Aufruf ohne zusätzlichen Parameter führt zu einem Vergleich wie:

```
IF ""=="ROT" ECHO Farbe ist Rot
```

Zwei Anführungszeichen ohne jeden Text dazwischen werden als *Nullstring* oder »leere Zeichenkette« bezeichnet und enthalten sozusagen gar nichts, stellen aber einen gültigen Parameter für Vergleiche mit IF dar. Folglich reagiert MS-DOS in diesem Fall auch nicht mit Meldungen über Syntaxfehler.

Die Batch-Datei TEST%1.BAT benutzt einen Vergleich dieser Art, um den Wert des ersten Parameters zu testen. Wenn Sie dieses Programm ohne zusätzliche Parameter aufrufen, gibt es die folgende Meldung aus:

```
Keine Parameter angegeben
```

Diese Technik werden wir noch in einer ganzen Reihe von Programmen anwenden. TEST%1.BAT sieht folgendermaßen aus:

IF "%1"=="" ECHO Keine Parameter angegeben

Wenn der Anwender die Datei einfach mit

C:\> TEST%1

aufruft, wird die IF-Bedingung zu:

```
IF ""=="" ECHO Keine Parameter angegeben
```

Der Batch-Befehl IF ==

Funktion
Prüft, ob zwei Zeichenketten identisch sind. Wenn ja, wird der nachfolgende Befehl ausgeführt, ansonsten wird er übersprungen.

Format
IF StringOne==StringTwo DOS-Befehl

Erläuterung
Die Bedingung *IF StringOne==StringTwo* vergleicht zwei Zeichenketten Buchstabe für Buchstabe miteinander. Wenn beide Zeichenketten (inklusive Groß- und Kleinschreibung) exakt übereinstimmen, führt MS-DOS den nachfolgenden Befehl aus. Wenn sich ein oder mehrere Buchstaben unterscheiden, wird dieser Befehl übersprungen.

IF erwartet in dieser Form grundsätzlich zwei Parameter und reagiert auf Abweichungen von diesem Format mit der Meldung:

```
Syntaxfehler
```

Diese Meldung wird häufig dann angezeigt, wenn Sie einen Parameter eingeben ohne entsprechenden Wert, wie z.B.:

```
IF %1==MONTHLY_BACKUP GOTO MONTHLY
```

Wenn hier der Anwender keinen Wert für %1 spezifiziert, wird aus der Bedingung IF:

```
IF==MONTHLY_BACKUP GOTO MONTHLY
```

Da IF hier nur einen anstelle von zwei Parametern erhält, reagiert MS-DOS mit der erwähnten Fehlermeldung. Die Lösung dieses Problems besteht darin, die beiden zu vergleichenden Zeichenketten in Anführungsstriche zu setzen:

```
IF "%1"=="MONTHLY_BACKUP" GOTO MONTHLY
```

Wenn hier der Anwender keinen Wert für %1 spezifiziert, vergleicht MS-DOS den Nullstring mit dem String MONTHLY_BACKUP:

```
IF ""=="MONTHLY_BACKUP" GOTO MONTHLY
```

5 Programmieren von Batch-Dateien

Da ein Nullstring von IF als gültiger Parameter betrachtet wird, enthält die Befehlszeile auch dann die erforderlichen zwei Werte, wenn der Benutzer die Batch-Datei ohne weitere Angaben aufruft.

Beispiel Das folgende Programm prüft, ob der Benutzer die Zeichenkette \AUTOEXEC.BAT als Parameter angegeben hat. Wenn ja, wird diese Datei auf den Drucker ausgegeben.

```
IF "%1"=="\AUTOEXEC.BAT" PRINT \AUTOEXEC.BAT
```

Die nächste Datei verwendet den Befehl IF, um festzustellen, welche Sprache der Anwender benutzt:

```
IF "%1"=="GERMAN" GOTO GERMAN
IF "%1"=="SPANISH" GOTO SPANISH
IF "%1"=="FRENCH" GOTO FRENCH
IF "%1"=="SWEDISH" GOTO SWEDISH
GOTO UNBEKANNTE_SPRACHE
```

Die Batch-Datei vergleicht den Wert %1 mit den ihr bekannten Sprachen. Wenn %1 zu einer der angegebenen Sprachen paßt, verzweigt das Programm zur entsprechenden Marke. Wenn %1 zu keiner der Sprachen paßt, folgt ein Sprung nach UNBEKANNTE_SPRACHE.

Fehlerprüfungen

Die fünfte IF-Bedingung prüft das Ergebnis des jeweils vorangegangenen MS-DOS-Befehls. Die meisten Befehle von MS-DOS hinterlassen einen sogenannten Statuscode: er signalisiert eine fehlerfreie Ausführung bzw. gibt Auskunft über die Art des aufgetretenen Fehlers. Der Befehl DISKCOPY hinterläßt beispielsweise einen der folgenden Statuscodes:

Tabelle 5 - Statuscodes von DISKCOPY

Wert	Fehlerstatus
0	Kopiervorgang fehlerfrei
1	Kopiervorgang erfolglos, behebbarer Fehler
2	Kopiervorgang unvollständig Anwender hat [Strg]+[C] eingegeben
3	Kopiervorgang erfolglos, schwerer Fehler
4	Ungenügende Speicherkapazität oder ungültiges Laufwerk

Programmieren von Batch-Dateien 5

Der Befehl IF ERRORLEVEL fragt diesen Statuscode ab und ermöglicht eine flexible Reaktion auf bestimmte Werte. Sein Format:

```
IF ERRORLEVEL Statuscode DOS-Befehl
```

Der auf die Bedingung folgende DOS-Befehl wird ausgeführt, wenn der Statuscode gleich oder höher dem angegeben Wert ist. Hat der Statuscode einen niedrigeren Wert, dann wird der DOS-Befehl übersprungen.

Die sechste und letzte Prüfung mit IF ist wiederum eine Inversion. In der Anweisung

```
IF NOT ERRORLEVEL Statuscode DOS-Befehl
```

wird der nach der Prüfung angegebene DOS-Befehl ausgeführt, wenn der Statuscode niedriger als der angegebene Wert ist; ansonsten wird der Befehl übersprungen.

Die Datei ERRLEVEL.BAT prüft, ob der Anwender den Befehl DISKCOPY mit der Tastenkombination [Strg]+[C] abgebrochen hat. (Wie der zuvor angegebenen Tabelle zu entnehmen, reagiert DISKCOPY in diesem Fall mit dem Statuscode 2).

```
@IF ERRORLEVEL 2 ECHO Abbruch via ^C oder Fehler
```

Rufen Sie die Batch-Datei ERRLEVEL.BAT auf - also

```
C:\> ERRLEVEL
```

- und brechen Sie das Programm nach erscheinen der Rückfrage

```
QUELLDISKETTE in Laufwerk A: einlegen
ZIELDISKETTE in Laufwerk B: einlegen
Eine beliebige Taste drücken, um fortzusetzen
```

mit [Strg]+[C] ab. Danach übernimmt wieder die Batch-Datei die Kontrolle. Ihr Bildschirm sollte danach in etwa so aussehen:

```
C:\> ERRLEVEL
QUELLDISKETTE in Laufwerk A: einlegen
ZIELDISKETTE in Laufwerk B: einlegen
Eine beliebige Taste drücken, um fortzusetzen

^C
Abbruch durch ^C
```

Hinweis

Wenn DISKCOPY aufgrund eines anderen Fehlers wie der Angabe eines ungültigen Laufwerks oder ungenügender Speicherkapazität beendet wurde, ist das Ergebnis der Statuscode 3 bzw. 4. Da IF

5 Programmieren von Batch-Dateien

ERRORLEVEL den angegebenen DOS-Befehl ausführt, wenn der Statuscode gleich *oder höher* als der angegebene Wert ist, reagiert ERRLEVEL.BAT in diesen Fällen mit der (unzutreffenden) Meldung, daß der Kopiervorgang via [Strg]+[C] abgebrochen wurde.

In der Möglichkeit, den Statuscode von DOS-Befehlen auszuwerten und so höchst spezifisch auf bestimmte Umstände zu reagieren, liegt der Schlüssel zu »intelligenten« Batch-Dateien, mit denen wir uns im weiteren Verlauf dieses Buches noch ausführlich beschäftigen werden.

Der Batch-Befehl IF ERRORLEVEL

Funktion

Prüft den Statuscode des jeweils zuletzt ausgeführten DOS-Befehls und macht die Ausführung eines weiteren Befehls vom Ergebnis dieser Prüfung abhängig.

Format

```
IF ERRORLEVEL Statuscode DOS-Befehl
```

Wenn der von einem Programm hinterlassene Statuscode größer oder gleich dem als *Statuscode* angegebenen Wert ist, führt MS-DOS den angegebenen Befehl aus. Ist der Statuscode niedriger, wird der Befehl übersprungen, und es geht direkt mit der nächsten Zeile der Batch-Datei weiter. Das Format

```
IF NOT ERRORLEVEL Statuscode DOS-Befehl
```

invertiert diese Logik: Bei Prüfungen dieser Art wird der DOS-Befehl nur dann ausgeführt, wenn der Statuscode niedriger als der angegebene Wert ist.

Erläuterung

Die meisten DOS-Befehle hinterlassen einen Statuscode, der über die fehlerfreie Ausführung bzw. die Art eines aufgetretenen Fehlers Auskunft gibt und mit IF ERRORLEVEL abgefragt werden kann. Der Befehl FORMAT definiert beispielsweise die folgenden Statuscodes:

Wert	Bedeutung
0	Formatierung erfolgreich
3	Formatierungsvorgang abgebrochen, Anwender hat [Strg]+[C] gedrückt
4	Formatierungsvorgang unvollständig, schwerer Fehler
5	Anwender hat auf die Rückfrage »Achtung, alle Daten in ... werden gelöscht. Formatieren durchführen (J/N)« mit [N] geantwortet, d.h. das Programm abgebrochen

Tabelle 6 - Statuscodes von FORMAT

Hinweis

Nicht alle Befehle von MS-DOS setzen einen Statuscode. Als allgemein verbindlicher Standard gilt lediglich, daß der Wert 0 eine fehlerfreie Ausführung anzeigt.

Beispiel

Das folgende Programm führt den Befehl FORMAT durch und wertet danach den Statuscode aus:

```
ECHO OFF
FORMAT A:
IF ERRORLEVEL 5 GOTO NO_RESPONSE
IF ERRORLEVEL 4 GOTO ERROR
IF ERRORLEVEL 3 GOTO USER_STRGC
ECHO Formatierungsvorgang erfolgreich beendet
GOTO DONE
:NO_RESPONSE
ECHO "Form. ausführen?" mit Nein abgebrochen
GOTO DONE
:ERROR
ECHO Schwerer Fehler aufgetreten - Abbruch
GOTO DONE
:USER_STRGC
ECHO FORMAT unvollständig, Abbruch mit ^C
:DONE
```

Hinweis

Beachten Sie, daß die Datei den höchsten Statuscode zuerst prüfen muß: Wie zuvor erläutert, führt IF ERRORLEVEL den nachfolgenden DOS-Befehl aus, wenn der Status *größer* oder gleich dem angegebenen Wert ist. Ein Befehl wie

```
IF ERRORLEVEL 3 GOTO USER_STRC
```

zu Beginn der Auswertung würde also auch (unerwünschterweise) die Statuscodes 4 und 5 abdecken.

Der NOT-Operator

Wie Sie sehen konnten, ermöglicht der Befehl IF Ihrem Programm, einen MS-DOS-Befehl unter einer bestimmten Bedingung auszuführen. Als erfüllte Bedingung gilt das Vorhandensein einer bestimmten Datei, das Erkennen zweier identischer Zeichenketten oder ein Statuscode, der größer oder gleich einem angegebenen Wert ist. Bei vielen Programmen ist es allerdings einfacher, das Gegenteil dieser Umstände zu prüfen - also einen bestimmten Befehl auszuführen, wenn eine Datei nicht vorhanden ist, zwei Zeichenketten ungleich sind oder der Statuscode eines Programms unterhalb eines angegebenen Wertes liegt.

Zu diesem Zweck existiert der NOT-Operator: Er dreht das Ergebnis einer Prüfung sozusagen um, d.h. macht aus »zutreffend« den Wert »unzutreffend« und umgekehrt.

Tatsächlich haben wir diesen Operator schon einmal in der Datei T.BAT - der Abkürzung von TYPE - benutzt: Wenn die vom Benutzer angegebene Datei existiert, wird sie via TYPE ausgegeben; wenn sie *nicht* existiert, reagiert das Programm mit einer entsprechenden Meldung. Hier ist es noch einmal:

```
ECHO OFF
CLS
IF EXIST %1 TYPE %1
IF NOT EXIST %1 ECHO %1? Leider nicht gefunden!
```

Da die erste Prüfung das exakte Gegenteil der zweiten darstellt, wird immer nur einer der beiden Befehle ausgeführt - entweder TYPE oder ECHO.

Der NOT-Operator wird in Batch-Programmen häufig benutzt. Die Datei COMPSTR.BAT vergleicht die beiden Zeichenketten, die in den Parametern %1 und %2 enthalten sind. Sind sie identisch, wird folgende Meldung angezeigt:

Text1 und *Text2* sind identisch

Wenn sich die Zeichenketten unterscheiden, wird folgendes angezeigt:

Text1 und *Text2* sind verschieden

Programmieren von Batch-Dateien 5

Die Batch-Datei hat folgenden Inhalt:

```
CLS ) OFF
IF "%1"=="%2" ECHO %1 und %2 sind identisch
IF NOT "%1"=="%2 ECHO %1 und %2 sind verschieden
```

Auch hier handelt es sich wieder um zwei entgegengesetzte (»komplementäre«) Prüfungen - weshalb *entweder* die eine *oder* die andere Meldung ausgegeben wird. (Programmierer erinnert diese Art von Logik üblicherweise an IF-ELSE-Strukturen, d.h. an Anweisungsfolgen des Typs »Wenn«-»Ansonsten«).

Der NOT-Operator

Funktion
Invertiert das Ergebnis einer Prüfung, d.h. macht aus »Zutreffend« den Wert »Unzutreffend« und umgekehrt.

Format
IF NOT Bedingung DOS-Befehl

Erläuterung
Der NOT Operator kann bei jeder der drei IF-Bedingungen verwendet werden.

```
IF NOT EXIST Dateiname.Ext DOS-Befehl
IF NOT StringOne == StringTwo DOS-Befehl
IF NOT ERRORLEVEL Wert DOS-Befehl
```

Beispiel
Das folgende Programm prüft, ob das Stammverzeichnis des aktuellen Laufwerks die Datei AUTOEXEC.BAT enthält. Sollte das nicht der Fall sein, erhält der Anwender einen entsprechenden Hinweis.

```
ECHO OFF
IF NOT EXIST \AUTOEXEC.BAT GOTO NO_FILE
GOTO DONE
:NO_FILE
ECHO Ihr Stammverzeichnis enthält
ECHO die Datei AUTOEXEC.BAT nicht.
ECHO Diese Datei ermöglicht das Festlegen
ECHO von Befehlen, die MS-DOS bei jedem
ECHO Systemstart durchführt.
ECHO Die meisten Anwender
```

5 Programmieren von Batch-Dateien

```
ECHO geben die Befehle PRINT,
ECHO PROMPT und PATH in diese Datei
ECHO ein.
:DONE
```

Wenn sich die Batch-Datei AUTOEXEC.BAT nicht im Stammverzeichnis auf dem Standardlaufwerk befindet, zeigt die Datei folgende Meldung an:

```
Ihr Stammverzeichnis enthält
die Datei AUTOEXEC.BAT nicht.
Diese Datei ermöglicht das Festlegen
von Befehlen, die MS-DOS bei jedem
Systemstart durchführt.
Die meisten Anwender
geben die Befehle PRINT,
PROMPT und PATH in diese Datei
ein.
```

Befehle für Dateigruppen

Soeben haben Sie festgestellt, daß der Befehl IF Ihrer Batch-Datei ermöglicht, unter einer bestimmten Bedingung einen DOS-Befehl auszuführen. Ein Vorgang, der davon abhängt, ob eine bestimmte Bedingung wahr oder falsch ist, wird *bedingte Verarbeitung* genannt. Zusätzlich zur bedingten Verarbeitung mit Befehlen innerhalb eines Programms ermöglicht MS-DOS die Wiederholung eines bestimmten Befehls für eine Gruppe von Dateien. Verarbeitungsvorgänge, die mindestens einmal ausgeführt und möglicherweise wiederholt werden, nennt man *iterative Verarbeitung*.

Der Batch-Befehl FOR ermöglicht dem Programm eine Befehlswiederholung für eine bestimmte Gruppe von Dateien. Er hat die folgenden Syntax:

```
FOR %%BatchVar IN (Gruppe) DO Befehl
```

Wie alle Befehle, die in Programmen ausgeführt werden, ist auch FOR ein interner Befehl. MS-DOS behält interne Befehle im Speicher (im Gegensatz zu externen Befehlen wie z.B. DISKCOPY, die jeweils von der Festplatte bzw. Diskette geladen werden müssen).

Der zweite Teil der Eingabe, *%%BatchVar*, besteht aus einer Variablen. Wir haben zuvor die Variablen %0 bis %9 durchgesprochen, die Werte während des Verarbeitungsvorgangs ersetzen. Auch der Variablen *%%BatchVar* wird ein Wert zugeordnet. Der Unterschied zwischen den Variablen besteht nur in der Bezeichnung. Die meisten

Batch-Dateien benutzen das Alphabet, um Dateien zu benennen, z.B. %%A oder %%F. MS-DOS beschränkt den Namen von Variablen auf einen Buchstaben. Das Wort IN ist Bestandteil des Befehls FOR. IN bedeutet, daß die Gruppe der Dateien, die FOR bearbeitet, sofort folgt (innerhalb der öffnenden und schließenden Klammer).

FOR führt den angegebenen Befehl aus, indem es der Variablen eine Datei aus der Gruppe von Dateien zuordnet. Nachdem MS-DOS den ersten Dateinamen zugeordnet hat, führt es den darauffolgenden Befehl aus. Wenn der Befehl ausgeführt wurde, ordnet MS-DOS die nächste Datei in der Gruppe der Variablen zu. Dieser Vorgang wiederholt sich, bis die gesamte Dateigruppe bearbeitet ist.

Sie geben eine Gruppe von Dateien an, indem Sie einfach die Dateinamen eintippen und durch ein Leerzeichen oder Komma voneinander trennen. Die folgenden Beispiele zeigen gültige Dateigruppen:

```
(MAI.GEH JUNI.GEH JULI.GEH)
(MAI.GEH,JUNI.GEH,JULI.GEH)
(*.BAT*.EXE*.COM)
(*.*)
```

Wie diese Beispiele zeigen, unterstützt MS-DOS die Jokerzeichen »?« und »*« auch im Zusammenhang mit FOR. Wenn FOR auf einen über diese Jokerzeichen gebildeten Dateinamen trifft, setzt es die entsprechende Gruppe von Dateien ein. FOR bearbeitet diese Dateigruppe dann der Reihe nach.

Das Schlüsselwort DO informiert DOS, daß der auszuführende Befehl für jede Datei sofort folgt. Als Befehl kann jeder MS-DOS-Befehl eingegeben werden. Um diesen Arbeitsvorgang zu demonstrieren, betrachten wir den Befehl:

```
FOR %%A IN (A.BAT B.BAT C.BAT) DO TYPE %%A
```

Hier ordnet FOR zuerst die Datei A.BAT der Variablen %%A zu. Dann führt MS-DOS den Befehl TYPE %%A aus. Da die Datei A.BAT der Variablen zugeordnet wurde, führt MS-DOS tatsächlich den Befehl TYPE A.BAT aus.

Ist die Ausführung des Befehls TYPE beendet, ordnet FOR der Variablen %%A die nächste Datei in der Gruppe zu. In diesem Fall zeigt MS-DOS den Inhalt der Datei B.BAT an. Wenn nun wiederum der Befehl TYPE beendet wurde, wiederholt FOR diesen Arbeitsvorgang und ordnet der Variablen die Datei C.BAT zu.

5 Programmieren von Batch-Dateien

Ist die Ausführung des Befehls TYPE beendet, prüft FOR wieder die Gruppe von Dateien. Da nun sämtliche dort enthaltenen Dateien bearbeitet sind, wird die Ausführung des Befehls FOR beendet.

In ähnlicher Weise benutzt die nächste Datei, SHOW.BAT, den Befehl FOR, um alle Batch-Dateien im aktuellen Verzeichnis anzuzeigen.

```
FOR %%I IN (*.BAT) DO TYPE %%I
```

Dieser FOR-Befehl verwendet die Variable %%I. Die tatsächliche Bezeichnung der Variablen spielt keine Rolle. Sie müssen jedoch, wie bereits vorher erläutert, einen Einzelbuchstaben verwenden.

Standardmäßig zeigt der Befehl DIR einen Dateinamen, die Erweiterung, die Größe sowie Datum und Uhrzeit der letzten Modifikation bzw. der Erstellung an.

```
COMMAND  COM 46246 13.12.90  4:09
COMP     EXE 13930 13.12.90  4:09
COUNTRY  SYS 13496 13.12.90  4:09
DEBUG    EXE 20506 13.12.90  4:09
DISKCOMP COM 10428 13.12.90  4:09
DISKCOPY COM 11393 13.12.90  4:09
DISPLAY  SYS 15682 13.12.90  4:09
...
XCOPY    EXE 15624 13.12.90  4:09
```

Wenn Sie DIR mit der Option /W aufrufen, zeigt DIR nur Dateinamen und Erweiterungen an. Es werden jedoch fünf Dateinamen nebeneinander auf dem Bildschirm angezeigt. Sehr häufig sollen aber nur die Dateinamen der Reihe nach angezeigt werden:

```
COMMAND.COM
COMP.EXE
COUNTRY.SYS
DEBUG.EXE
DISKCOMP.COM
DISKCOPY.COM
DISPLAY.SYS


XCOPY.EXE
```

Die nächste Batch-Datei, SHORTDIR.BAT, verwendet den Befehl FOR, um Dateien mit dem Befehl ECHO anzuzeigen:

```
ECHO OFF
CLS
FOR %%I IN (*.*) DO ECHO %%I
```

Programmieren von Batch-Dateien 5

Hier ordnet FOR die Dateinamen im aktuellen Verzeichnis nacheinander der Variablen %%I zu, die danach via ECHO ausgegeben wird.

Die Verwendung von Parametern erhöht die Flexibilität der Datei SHORTDIR.BAT: Anstatt sich auf bestimmte Dateinamen oder Erweiterungen festzulegen, kann man diese Angabe auch dem Benutzer überlassen - beispielsweise durch den Aufruf:

```
C:\> SHORTDIR *.BAT
```

oder

```
C:\> SHORTDIR *.TXT
```

Um alle Dateien im aktuellen Verzeichnis anzuzeigen, muß Ihre Befehlszeile wie folgt lauten:

```
C:\> SHORTDIR *.*
```

Um diese Flexibilität zu erhalten, erweitern wir SHORTDIR.BAT um die Bearbeitung eines Parameters:

```
ECHO OFF
CLS
FOR %%I IN (%1) DO ECHO %%I
```

Ein weiteres Beispiel ist eine Batch-Datei namens SORTDIR.BAT, die wohl vor allem erfahrenen Anwendern zugute kommt. Sie verwendet die MS-DOS Umleitungszeichen, um eine sortierte Verzeichnisliste der durch den ersten Befehlszeilenparameter angegebenen Dateinamen zu erstellen.

```
@ECHO OFF
IF EXIST SORTFILE.DAT DEL SORTFILE.DAT
FOR %%I IN (%1) DO ECHO %%I >> SORTFILE.DAT
SORT < SORTFILE.DAT
DEL SORTFILE.DAT
```

Diese Datei verwendet die Prüfung IF EXIST, um die Datei SORTFILE.DAT zu löschen, sofern sie existiert. Als nächstes ermittelt der Befehl FOR die vom Anwender gewünschten Dateien (vgl. vorangehendes Beispiel), die hier allerdings nicht mit ECHO auf den Bildschirm, sondern über eine Umleitung der Ausgabe in die Datei SORTFILE.DAT ausgegeben wird. (»>« steht für die Umleitung in eine Datei, die bei jedem Aufruf neu erstellt wird, »>>« für das *Anhängen* der Datei an eine Datei). Nachdem FOR sämtliche Dateien bearbeitet hat, wird der Befehl SORT eingesetzt, um den Dateiinhalt zu sortieren und auf den Bildschirm auszugeben. Der letzte Befehl der Batch-Datei löscht die Datei SORTFILE.DAT.

5 Programmieren von Batch-Dateien

Sie können mit dem Befehl FOR die Datei T.BAT so verbessern, daß Sie Platzhalter unterstützt.

```
ECHO OFF
CLS
FOR %%I IN (%1) DO TYPE %%I
```

Der Befehl

```
C:\> T *.BAT
```

zeigt dann den Inhalt aller Dateien im aktuellen Verzeichnis an. Vielleicht wollen Sie aber auch nur eine bestimmte Gruppe von Dateien bearbeiten, die sich nicht so ohne weiteres über Jokerzeichen eingrenzen läßt. Dazu ein weiteres Beispiel:

```
ECHO OFF
CLS
FOR %%I IN (%1 %2 %3 %4 %5) DO TYPE %%I
```

Dieses Programm kann mit maximal fünf unterschiedlichen Dateinamen arbeiten - beispielsweise:

```
C:\> T TEST.DAT MEIER.DAT, MÜLLER.GEH *.BAT
```

Hier würde zuerst TEST.DAT, dann MEIER.DAT und MÜLLER.GEH ausgegeben - und danach sämtliche Batch-Dateien im aktuellen Verzeichnis.

Der Batch-Befehl FOR

Funktion
Wiederholt einen MS-DOS-Befehl für jede Datei aus einer Gruppe von Dateien.

Format
FOR %%v IN (Gruppe) DO DOS-Befehl

Erläuterung
Der Befehl FOR ordnet der Variablen %%v im ersten Durchlauf die erste Datei aus der Gruppe zu, im zweiten Durchlauf die zweite usw., bis schließlich sämtliche Dateien der Gruppe bearbeitet sind. Die Variable muß aus einem Einzelbuchstaben bestehen, dem (im Unterschied zu Parameternamen) *zwei* Prozentzeichen (»%«) vorausgehen. Die Gruppe wird entweder über eine Reihe von Dateinamen

(DATEI1.TXT DATEI2.TXT ...) oder über Parameter (%1 %2 ...) gebildet; die einzelnen Dateinamen dieser Gruppe dürfen Jokerzeichen enthalten.

Wenn sämtliche Dateien der Gruppe bearbeitet sind, ist der FOR-Befehl beendet, und es geht mit der nächsten Zeile der Batch-Datei weiter.

Beispiel

Das folgende Programm benutzt den Befehl FOR, um den Befehl TYPE auszuführen und zeigt den Inhalt der Dateien A.TXT, B.TXT und C.TXT an:

```
FOR %%I IN (A.TXT B.TXT C.TXT) DO TYPE %%I
```

Das folgende Programm benutzt den Befehl TYPE in ähnlicher Weise, um den Inhalt der Dateien anzuzeigen, die über den Parameter %1 angegeben sind. Beim Aufruf mit Jokerzeichen - beispielsweise *.BAT - werden sämtliche zu dieser »Suchmaske« passenden Dateien der Reihe nach via TYPE ausgegeben:

```
FOR %%V (%1) DO TYPE %%V
```

Der Befehl FOR erhöht die Flexibilität der Dateien in hohem Maße und wird wiederholt auf den folgenden Seiten verwendet.

Sprünge mit GOTO

Die bis dato besprochenen Batch-Dateien haben eine Gemeinsamkeit: Ihre Befehle werden exakt in der Reihenfolge bearbeitet, in der sie auch in der Batch-Datei stehen.

Wie wir bei der Erläuterung des Befehls IF sehen konnten, führt MS-DOS einen Befehl nur unter bestimmten Bedingungen aus. Speziell in umfangreicheren Programmen wäre es allerdings von Vorteil, wenn man vom Ergebnis einer Prüfung nicht nur einen, sondern eine ganze Gruppe von Befehlen abhängig machen könnte. Dazu dient der Befehl GOTO, der das folgende Format hat:

```
GOTO DOS-Dateimarke
```

Betrachten wir ein einfaches Beispiel. Die Batch-Datei REMOVE.BAT benutzt den Parameter %1, um den Dateiinhalt anzuzeigen. Nachdem der Dateiinhalt angezeigt wurde, soll die folgende Meldung erscheinen:

```
PAUSE Löschen von Dateiname.Ext
Eine beliebige Taste drücken, um fortzusetzen
```

5 Programmieren von Batch-Dateien

Wenn der Anwender hier eine »normale« Taste drückt, wird die Datei gelöscht; reagiert er stattdessen mit [Strg]+[C], bleibt sie erhalten. Das Programm sieht ungefähr so aus:

```
ECHO OFF
IF "%1=="" GOTO NO_FILE
TYPE %1
PAUSE Datei %1 löschen
DEL %1
GOTO DONE
:NO_FILE
ECHO Kein Dateiname angegeben!
:DONE
```

REMOVE.BAT beginnt mit der Prüfung, ob der Anwender überhaupt einen Dateinamen angegeben hat. Wenn nicht, folgt ein Sprung zur Marke NO_FILE:

```
ECHO OFF
IF "%1"=="" GOTO NO FILE
...
...
:NO_FILE
ECHO Kein Dateiname angegeben!
:DONE
```

In diesem Falle zeigt MS-DOS die folgende Meldung:

```
Kein Dateiname angegeben!
```

und beendet die Ausführung. Wie Sie sehen, kontrolliert der Befehl GOTO den Wechsel zur entsprechenden Marke. Eine Marke beginnt mit einem Doppelpunkt und umfaßt eine beliebige Anzahl von Zeichen (von denen MS-DOS allerdings nur die ersten acht auswertet - LANGERNAME1 und LANGERNAME2 wären für das System also identisch). REMOVE.BAT benutzt zwei Marken namens :NO_FILE und :DONE. Beachten Sie, daß die entsprechenden Zeilen mit einem Doppelpunkt beginnen, die jeweiligen GOTO-Befehle aber nur den Namen der Marke (ohne vorangestellten Doppelpunkt) verwenden.

Der Doppelpunkt zu Beginn einer Zeile teilt MS-DOS mit, daß es sich dabei um eine Marke handelt - und nicht um einen Befehl. Konsequent werden Marken auch dann nicht bei der Ausführung angezeigt, wenn ECHO auf ON gesetzt ist.

Die Datei REMOVE.BAT führt den Befehl DEL aus, wenn der Anwender eine Taste drückt, um die Datei zu löschen und wechselt dann mit GOTO zur Marke :DONE am Ende der Batch-Datei.

Programmieren von Batch-Dateien 5

Grundsätzlich sind dem Anwender bei der Arbeit mit Batch-Dateien keine Grenzen gesetzt. Die Datei HELPDOS.BAT verfügt z.B. über eine allgemeine Dialoghilfe. Um Hilfe bei einem bestimmten MS-DOS-Befehl anzufordern, rufen Sie die Datei mit dem entsprechenden Befehl auf:

```
C:\> HELPDOS FORMAT
```

Die Datei prüft den ersten Parameter (%1) und zeigt dann den entsprechenden Hilfe-Text an:

```
FORMAT Befehl
Befehlsform: Extern
Funktion: Formatiert eine DOS-Diskette
Befehlsformat:
  FORMAT [Laufwerk:][/B][/1][/4][/8][/N:Sektoren][/S]
    [/T:Spuren][/V:Datenträgerbezeichnung][/F:Größe][/U|/Q]

Beispiel: FORMAT A:/4
```

Die Erstellung der Batch-Datei ist relativ einfach. Am Anfang prüft das Programm, ob der Anwender einen Befehlsnamen eingegeben hat. Wenn nicht, folgt ein Sprung via GOTO zu einer Gruppe von ECHO-Befehlen, die dem Anwender die Vorgehensweise erklären:

```
ECHO OFF
IF "%1"=="" GOTO INSTRUCTIONS
```

Hat der Anwender dagegen einen Befehlsnamen angegeben, prüft das Programm schlicht einen Befehl nach dem anderen und findet so heraus, für welchen Befehl Hilfe gewünscht wird:

```
IF "%1"=="CLS" GOTO CLS_HELP
IF "%1"=="FORMAT" GOTO FORMAT_HELP
IF "%1"=="DISKCOPY" GOTO DISKCOPY_HELP
.
.
.
IF "%1"=="XCOPY" GOTO XCOPY_HELP
```

Wie zu sehen, ist jeder Vergleich mit einem Sprung zu einer entsprechenden Marke verbunden. Für den Befehl CLS könnte sich hinter der dazugehörigen Marke CLS_HELP beispielsweise die folgende Befehlsgruppe befinden:

```
:CLS_HELP
ECHO CLS Befehl
ECHO <Alt+255>
ECHO Befehlsform: Intern
```

5 Programmieren von Batch-Dateien

```
ECHO <Alt+255>
ECHO Funktion: Löscht den Bildschirm und setzt
ECHO den Cursor in die obere linke Ecke
ECHO <Alt+255>
ECHO Beispiel: CLS
GOTO DONE
```

Hinweis Um den ASCII-Code 255 einzugeben, müssen Sie die Taste [Alt] gedrückt halten und dann die Zahl [2][5][5] auf dem numerischen Ziffernblock tippen.

Wenn der Anwender die Datei mit

```
C:\>HELPDOS CLS
```

aufruft, wird folgendes angezeigt:

```
CLS Befehl
Befehlsform: Intern

Funktion: Löscht den Bildschirm und setzt
den Cursor in die linke obere Ecke

Beispiel: CLS
```

Nachdem der Hilfe-Text auf dem Bildschirm angezeigt wurde, benutzt das Programm den Befehl GOTO, um zur Endmarke DONE zu wechseln.

Wie Sie sich vorstellen können, kann eine vollständige Hilfestellung für alle MS-DOS-Befehle sehr umfangreich werden. Die folgende Version von HELPDOS.BAT bietet stattdessen eine Dialoghilfe für die Befehle IF, FOR und GOTO:

```
ECHO OFF
IF "%1"=="" GOTO INSTRUCTIONS
IF "%1"=="IF" GOTO IF_HELP
IF "%1"=="FOR" GOTO FOR_HELP
IF "%1"=="GOTO" GOTO GOTO_HELP
ECHO Ungültiger Befehl
:INSTRUCTIONS
ECHO Die Datei bietet eine
ECHO Dialoghilfe für IF, FOR
ECHO und GOTO. Rufen Sie die
ECHO Datei mit HELPDOS Befehlsname
ECHO auf, z.B. mit HELPDOS GOTO
GOTO DONE
:IF_HELP
ECHO IF Befehl
ECHO <Alt+255>
```

```
ECHO Befehlsform: Intern, Stapel
ECHO <Alt+255>
ECHO Funktion: Ermöglicht der Datei
ECHO zu entscheiden, ob eine der
ECHO folgenden Bedingungen
ECHO verwendet wird
ECHO IF EXIST Dateiname.Ext DOS-Befehl
ECHO IF ERRORLEVEL Wert DOS-Befehl
ECHO IF StringOne==StringTwo DOS-Befehl
ECHO <Alt+255>
ECHO Beispiel: IF EXIST %1 PRINT %1
GOTO DONE
:FOR_HELP
ECHO FOR Befehl
ECHO <Alt+255>
ECHO Befehlsform: Intern, Stapel
ECHO <Alt+255>
ECHO Funktion: Wiederholt einen
ECHO MS-DOS-Befehl in einer Gruppe
ECHO von Dateien
ECHO <Alt+255>
ECHO Format: FOR %%Var IN (Gruppe) DO DOS-Befehl
ECHO <Alt+255>
ECHO Beispiel: FOR %%1 IN (*.*) DO TYPE %%I
GOTO DONE
:GOTO_HELP
ECHO GOTO Befehl
ECHO <Alt+255>
ECHO Befehlsform: Intern, Stapel
ECHO <Alt+255>
ECHO Funktion: Ermöglicht der Datei von einer
ECHO Position zur anderen zu wechseln
ECHO <Alt+255>
ECHO Format: GOTO Marke
ECHO <Alt+255>
ECHO Beispiel: :Repeat
ECHO             VER
ECHO             GOTO REPEAT
:DONE
```

Hinweis

Um den ASCII-Code 255 einzugeben, müssen Sie die Taste [Alt] gedrückt halten und dann die Zahl [2][5][5] auf dem numerischen Ziffernblock tippen. ECHO erzeugt in Verbindung mit diesem ASCII-Code eine Leerzeile auf dem Bildschirm.

Konzepte der Batch-Programmierung 6

Wie im vorangehenden Kapitel demonstriert, macht der Einsatz der Parameter %0 bis %9 eine Batch-Datei erheblich flexibler: Anstatt immer wieder dieselbe Operation auszuführen, überläßt eine mit diesen Parametern geschriebene Batch-Datei dem Benutzer die Angabe, *was* bearbeitet werden soll. Neben den Parametern %0 bis %9 kann MS-DOS ab der Version 3.3 in Batch-Dateien auch die Umgebungsvariablen auswerten, mit denen sich der nächste Abschnitt beschäftigt.

Umgebungsvariablen

MS-DOS definiert eine Tabelle mit sogenannten Umgebungsvariablen (»Environment«), deren wohl bekanntester Eintrag die Variable PATH sein dürfte - sie legt fest, welche Verzeichnisse das System nach ausführbaren Programmen und Batch-Dateien absucht. Ab der Version 3.3 von MS-DOS lassen sich diese Variablen auch direkt in Batch-Dateien verwenden. Um eine solche Variable in eine Batch-Datei einzusetzen, muß man lediglich ihren in Prozentzeichen eingeschlossenen Namen angeben.

Das folgende Programm würde beispielsweise die aktuellen Suchwege des Systems ausgeben:

```
ECHO OFF
ECHO Aktuelle Suchwege:
ECHO %PATH%
```

Der DOS-Befehl SET erlaubt es, Umgebungsvariablen anzuzeigen, zu verändern oder neue Variablen hinzuzufügen. Wenn Sie den Befehl SET ohne Parameter eingeben - also

C:\> `SET`

- dann zeigt MS-DOS die gesamte Tabelle an:

COMSPEC=C:\DOS\COMMAND.COM
PATH=C:\DOS

6 Konzepte der Batch-Programmierung

Um eine neue Umgebungsvariable zu definieren, geben Sie den Variablennamen, ein Gleichheitszeichen und den zuzuordnenden Text als Parameter von SET an:

`C:\> SET PRINT_FILE=AUTOEXEC.BAT`

Dieser Befehl würde beispielsweise eine Variable namens PRINT_FILE definieren, der der Text AUTOEXEC.BAT zugeordnet ist. Mit einem weiteren Aufruf von SET läßt sich prüfen, ob die Sache im gewünschten Sinne funktioniert hat:

```
C:\> SET
COMSPEC=C:\DOS\COMMAND.COM
PATH=C:\DOS
PRINT_FILE=AUTOEXEC.BAT
```

Nach dieser Definition ließe sich eine Datei PRT.BAT schreiben, die diese Variable benutzt, um AUTOEXEC.BAT auf den Drucker auszugeben:

```
REM PRT.BAT
PRINT %PRINT_FILE%
```

Wenn Sie die Datei PRT.BAT aufrufen, ersetzt MS-DOS die Umgebungsvariable PRINT_FILE durch ihren Wert - für unser Beispiel also durch AUTOEXEC.BAT.

Um eine Umgebungsvariable zu entfernen, benutzen Sie den Befehl SET wie folgt:

`C:\> SET PRINT_FILE=`

In diesem Fall entfernt MS-DOS die Variable PRINT_FILE, d.h. reduziert die Tabelle wieder auf ihren ursprünglichen Umfang:

```
C:\>SET)
COMSPEC=C:\DOS\COMMAND.COM
PATH=C:\DOS
```

Wenn Sie die Datei PRT.BAT danach erneut aufrufen, wird MS-DOS keine Umgebungsvariable finden, die zu PRINT_FILE paßt; deshalb ergibt %PRINT_FILE% in diesem Fall einen Nullstring. Dieser Umstand läßt sich natürlich mit einem IF-Befehl prüfen:

```
ECHO OFF
IF "%PRINT_FILE%"=="" GOTO NO_PARAMETER
PRINT %PRINT_FILE%
GOTO DONE
:NO_PARAMETER
ECHO Variable PRINT_FILE ist nicht definiert.
```

Konzepte der
Batch-Programmierung 6

```
ECHO Benutzen Sie bitte den MS-DOS-Befehl SET!
:DONE
```

Sehen wir uns einige weitere Beispiele an. Als erstes betrachten wir ein Programm, das während des Verarbeitungsvorganges temporäre Dateien erzeugt - etwa bei der sortierten Ausgabe eines Verzeichnisses:

```
DIR | SORT > SORTDIR.TMP
PRINT SORTDIR.TMP
MORE < SORTDIR.TMP
DEL SORTDIR.TMP
```

Wenn der Anwender dieses Programm startet und dann später mit der Tastenkombination [Strg]+[C] unterbricht, bevor der Befehl DEL ausgeführt wurde, verbleibt die Datei SORTDIR.TMP im aktuellen Verzeichnis. Als Alternative kann man ein Verzeichnis TEMPDIR erstellen, das die temporären Dateien aufnimmt. Als nächstes sollte der Anwender den Pfad zum Verzeichnis TEMPDIR in alle Befehlszeilen einfügen.

```
DIR | SORT > \TEMPDIR\SORTDIR.TMP
PRINT \TEMPDIR\SORTDIR.TMP
MORE < \TEMPDIR\SORTDIR.TMP
DEL \TEMPDIR\SORTDIR.TMP
```

Problematisch bei dieser Methode ist, daß Sie den Anwender zwingen, das Verzeichnis TEMPDIR anzulegen, um die temporären Dateien dort zu speichern.

Die folgende Datei NAMEDTMP.BAT setzt einen Parameter ein, um die temporären Dateien am richtigen Ort zu speichern.

```
DIR | SORT > %TEMPDIR%SORTDIR.TMP
PRINT %TEMPDIR%SORTDIR.TMP
MORE < %TEMPDIR%SORTDIR.TMP
DEL %TEMPDIR%SORTDIR.TMP
```

Liest MS-DOS den Parameter %TEMPDIR%, sucht es die entsprechende Umgebungsvariable. Existiert diese Variable nicht, so ordnet MS-DOS %TEMPDIR% einen Nullstring zu. Daraufhin erstellt MS-DOS die Datei SORTDIR.TMP im aktuellen Verzeichnis. Wenn aber der Anwender eine Umgebungsvariable wie

```
C:\>SET TEMPDIR=D:
```

definiert, benutzt MS-DOS diesen Wert, d.h. legt temporäre Dateien auf dem Laufwerk D: an. Diese Datei stellt sozusagen das Beste beider Welten dar: Anwender, die keinen Wert auf die Erstellung einer Datei

6 Konzepte der Batch-Programmierung

im aktuellen Verzeichnis legen, müssen irgendwann einmal den Befehl SET zur Definition eines temporären Verzeichnisses benutzen; wer sich nicht darum kümmern will, erhält temporäre Dateien im jeweils aktuellen Verzeichnis. Wer sich beispielsweise eine RAM-Disk definiert und dort alle temporären Dateien speichern will, kann auch im Nachhinein (über einen Aufruf von SET) festlegen, daß die Speicherung dort stattfinden soll.

Wie verschiedentlich erwähnt, definiert PATH die Liste der Unterverzeichnisse, in denen MS-DOS nach externen Befehlen sucht. Die meisten Anwender definieren PATH, indem sie den Befehl PATH in die Datei AUTOEXEC.BAT eintragen. Wenn Sie neue Programme installieren, wird dem Suchweg häufig das neu erstellte Verzeichnis hinzugefügt. Die Installation verändert den Inhalt der Datei AUTOEXEC.BAT.

Nehmen wir an, daß die Datei AUTOEXEC.BAT folgende Befehle enthält:

```
ECHO OFF
PRINT /D:LPT1 /Q:32
PATH C:\DOS
```

Ein Installationsprogramm, das ein Verzeichnis namens C:\PROGRAMM in den Suchweg einfügen will, ohne die restlichen Einträge zu verändern, kann diese Operation höchst einfach durchführen - nämlich mit:

```
SET PATH=%PATH%;C:\UTIL
```

Um diesen Arbeitsvorgang zu demonstrieren, erstellen wir ein Programm namens MYPATH.BAT:

```
ECHO OFF
ECHO MYPATH wird um %1 erweitert
SET MYPATH=%MYPATH%;%1
ECHO Der komplette Pfad ist %MYPATH%
```

Rufen Sie dieses Programm einige Male auf - beispielsweise mit:

```
C:\> MYPATH C:\TEST
MYPATH wird um C:\TEST erweitert
Der komplette Pfad ist ;C:\TEST

C:\> MYPATH C:\UTIL
MYPATH wird um C:\UTIL erweitert
Der komplette Pfad ist ;C\TEST;C:\UTIL
```

```
C:\> MYPATH C:\DEMO
MYPATH wird um C:\DEMO erweitert
Der komplette Pfad ist ;C:\TEST;C:\UTIL;C:\DEMO
```

Offensichtlich haben die Namen von Umgebungsvariablen und Batch-Dateien nichts miteinander zu tun: Es ist sehr wohl möglich, ein Programm MYPATH.BAT zu erstellen, das eine Umgebungsvariable MYPATH bearbeitet. (Der Befehl und die Variable PATH sind ein weiteres Beispiel für diese friedliche Koexistenz).

Hinweis

Unterprogramme

Obwohl wir behauptet (und bewiesen) haben, daß Batch-Programme sich in derselben Weise wie andere DOS-Befehle über die Eingabe ihres Namens ausführen lassen, besteht doch ein Unterschied: Interne und externe DOS-Befehle wie ECHO und FORMAT lassen sich ohne weiteres über eine Batch-Datei durchführen - andere Batch-Dateien dagegen nicht. Tatsächlich ist für diese Art von Aufruf je nach DOS-Version entweder ein expliziter Aufruf von COMMAND.COM oder der Befehl CALL notwendig. Das folgende Beispiel zeigt, warum.

Erstellen Sie als erstes eine Batch-Datei namens VERVOL.BAT (falls sich diese Datei nicht sowieso schon auf ihrer Festplatte befindet):

```
VER
VOL
```

Als zweites erstellen Sie eine Datei namens PRIMARY.BAT, die unter anderem VERVOL.BAT aufruft:

```
DATE
VERVOL
TIME
```

Wenn Sie nun PRIMARY.BAT aufrufen, führt MS-DOS zuerst den Befehl DATE aus und zeigt folgendes an:

```
C:\> PRIMARY
C:\>DATE
Gegenwärtiges Datum: Sa, 11.05.1991
Neues Datum (TT.MM.JJ):
```

Drücken Sie nun ⏎ (um das Datum unverändert zu lassen); es folgt der Aufruf von VERVOL.BAT. Während MS-DOS diese Datei ausführt, zeigt es an:

6 Konzepte der Batch-Programmierung

```
C:\>PRIMARY
C:\>DATE

Gegenwärtiges Datum: Sa, 11.05.1991
Neues Datum (TT.MM.JJ):

C:\>VERVOL
C:\>VER
MS-DOS Version 5
C:\>VOL
Datenträger in Laufwerk C ist MS-DOS 5
Datenträgernummer: 3921-18D3
C:>
```

Obwohl PRIMARY.BAT nachweislich noch den Befehl TIME enthält, tut sich hier offensichtlich nach der Ausführung von VERVOL.BAT überhaupt nichts mehr. Der Grund liegt darin, daß COMMAND.COM immer nur eine Batch-Datei behandeln kann - und beim Aufruf einer zweiten offensichtlich die erste Datei vergißt.

Welche Möglichkeiten zur Lösung dieses Problems zur Verfügung stehen, ist von Ihrer DOS-Version abhängig: Ab der Version 3.3 können Sie zum Aufruf einer Batch-Datei aus einer anderen heraus den Befehl CALL benutzen; mit den älteren Versionen des Betriebssystems bleibt nur der Weg über das Laden einer weiteren Kopie von COMMAND.COM.

Fangen wir mit dem Befehl CALL an, der das folgende Format hat:

```
CALL Datei [Parameter]
```

Die Parameter stellen optionale Parameter dar, die MS-DOS die Variablen %1 bis %9 zuweist. Wenn Sie MS-DOS Version 3.3 und später benutzen, ändern Sie die Datei PRIMARY.BAT um in:

```
DATE
CALL VERVOL
TIME
```

Wenn VERVOL.BAT ausgeführt wurde, setzt MS-DOS die Datei PRIMARY.BAT fort, d.h. führt den Befehl TIME aus. Das Ergebnis ist nun wie erwartet:

```
C:\> PRIMARY
C:\>DATE
Gegenwärtiges Datum: Sa, 11.05.1991
Neues Datum (TT.MM.JJ.):
C:\>CALL VERVOL
C:\>VER
MS-DOS Version 5
```

```
C:\>VOL

Datenträger in Laufwerk C ist MS-DOS 5
Datenträgernummer: 3921-18D3
C:\>TIME
Gegenwärtige Uhrzeit: 1:54:09,09
Neue Uhrzeit:
C:>
```

Batch-Befehl CALL

Funktion
Ermöglicht den Aufruf einer Batch-Datei durch eine andere. Nachdem die aufgerufene Batch-Datei beendet ist, wird die aufrufende Batch-Datei fortgesetzt.

Format
CALL Datei [Parameter]

Erläuterung
Beim Aufruf einer Batch-Datei SECOND.BAT aus einer Batch-Datei FIRST.BAT führt DOS normalerweise die Datei SECOND.BAT bis zu ihrem Ende aus - und hält den gesamten Vorgang damit für erledigt. Anders gesagt: Befehle in FIRST.BAT, die sich hinter dem Aufruf von SECOND.BAT befinden, werden ignoriert.

Der ab der Version 3.3 von MS-DOS definierte Befehl CALL behebt dieses Problem: Er teilt dem System mit, daß es sich um einen *Aufruf* (im Gegensatz zu einem Sprung) handelt und sorgt dafür, daß COMMAND.COM nach Ausführung der aufgerufenen Datei zur aufrufenden Datei zurückkehrt, um dort weitere Befehle zu bearbeiten. Die Alternative zu diesem Verfahren besteht im Laden einer zusätzlichen Kopie von COMMAND.COM und wird im nächsten Abschnitt besprochen.

Beispiel
Das folgende Programm benutzt den Befehl CALL, um die Datei NESTED.BAT aufzurufen:

```
VER
CALL NESTED
VOL
```

In diesem Fall enthält NESTED.BAT:

6 Konzepte der Batch-Programmierung

```
DATE
TIME
```

Wenn Sie den Befehl CALL aus der ersten Datei entfernen, verbleibt:

```
VER
NESTED
VOL
```

Als Ergebnis wird DOS den Befehl VOL nicht ausführen. Wenn alle Befehle in NESTED.BAT ausgeführt wurden, beendet MS-DOS die Ausführung aller Batch-Dateien und kehrt zur Eingabeaufforderung zurück.

Wenn Sie mit der Version 2.x, 3.0, 3.2 oder 3.2 von MS-DOS arbeiten, müssen Sie den Befehl CALL durch COMMAND /C ersetzen, um eine zweite Batch-Datei aus einer ersten Batch-Datei heraus aufzurufen.

Hinweis Bei COMMAND.COM handelt es sich um das Programm, das Befehlszeilen (und damit auch Batch-Dateien) interpretiert. Der Befehl COMMAND /C lädt eine Kopie dieses Programms (das in älteren Versionen von MS-DOS nur jeweils mit einer einzigen Batch-Datei zurechtkommt).

Für ältere Versionen von MS-DOS müssen Sie die Datei PRIMARY.BAT folgendermaßen ändern:

```
DATE
COMMAND /C VERVOL
TIME
```

Gehen Sie sicher, daß die Datei COMMAND.COM im aktuellen Verzeichnis oder über den Suchweg des Systems (PATH) erreichbar ist.

```
C:\> DIR COMMAND.COM
Datenträger in Laufwerk C ist DOS
3.1
Verzeichnis C:\DOS

COMMAND  COM   23210 03-07-85  1:43p
        1 Datei(en)  21104640 frei
C:>
```

Wenn Sie die Datei aufrufen, führt MS-DOS den Befehl DATE aus. Wie zuvor drücken Sie die Eingabetaste, um das Systemdatum unverändert zu lassen. Das Programm fährt fort und ruft mit dem Befehl COMMAND /C die Datei VERVOL.BAT auf. Wenn VERVOL.BAT ausgeführt wurde, macht MS-DOS weiter mit der Ausführung des

Konzepte der Batch-Programmierung 6

Befehls TIME in der Datei PRIMARY.BAT. MS-DOS zeigt folgendes an:

```
C:\> PRIMARY
C:\>DATE
Gegenwärtiges Datum: Sa, 11.05.1991
Neues Datum (TT.MM.JJ):
C:\>COMMAND /C VERVOL
C:\>VER
IBM MS-DOS Version 3.10
C:\>VOL
Datenträger in Laufwerk C ist MS-DOS 3.1
C:\>TIME
Gegenwärtige Uhrzeit: 13:54:09,09
Neue Uhrzeit:
C:>
```

Hinweis

Der Parameter /C beim Aufruf von COMMAND steht für »Befehl ausführen, danach Rücksprung zum aufrufenden Programm«. Der »auszuführende Befehl« ist in diesem Fall die Batch-Datei VERVOL, das »aufrufende Programm« die Datei PRIMARY.BAT.

Der Batch-Befehl COMMAND /C

Funktion

Ermöglicht den Aufruf einer Batch-Datei aus einer anderen heraus in den älteren Versionen von MS-DOS.

Format

COMMAND /C Datei [Parameter]

Erläuterung

Bei COMMAND handelt es sich um das Programm, das Befehlszeilen (und damit auch Batch-Dateien) interpretiert. Der Parameter /C steht für »Ausführung, danach sofortiger Rücksprung«, auf ihn muß der auszuführende Befehl folgen. Bei diesem Befehl kann es sich um einen internen, einen externen Befehl oder eben um eine Batch-Datei handeln.

Das folgende Programm benutzt COMMAND /C, um die Datei NESTED.BAT aus einer anderen Batch-Datei heraus aufzurufen:

Beispiel

6 Konzepte der Batch-Programmierung

```
VER
COMMAND /C NESTED
VOL
```

In diesem Fall enthält NESTED.BAT

```
DATE
TIME
```

Wenn Sie den Befehl COMMAND /C aus der ersten Datei entfernen, verbleibt:

```
VER
NESTED
VOL
```

In diesem Fall wird DOS den Befehl VOL der ersten Datei nicht mehr ausführen. Wenn NESTED.BAT abgearbeitet wurde, stoppt MS-DOS die Ausführung der Befehle und kehrt zur Eingabeaufforderung von MS-DOS zurück.

Komplexere Batch-Programme lassen sich (wie größere Programme) in mehrere Module unterteilen und damit wesentlich übersichtlicher halten. Ein zentrales Modul (»Hauptprogramm«) übernimmt dabei die Ausgabe eines Menüs sowie die Steuerung des gesamten Ablaufs und ruft je nach Auswahl des Benutzers andere Programme auf.

Das Programm USEDOS.BAT stellt ein höchst einfaches Beispiel für diese Technik dar - es demonstriert den temporären »Ausstieg auf die Kommandoebene«:

```
ECHO OFF
CLS
ECHO Aufruf aus Batch-Datei,
ECHO MS-DOS Eingabeaufforderung
COMMAND
ECHO Zurück in der Batch-Datei
```

Wenn MS-DOS den Befehl COMMAND liest, wird die neue Version des Befehlsinterpreters in den Speicher geladen. Die MS-DOS Eingabeaufforderung, die dem Anwender die Eingabe von MS-DOS-Befehlen ermöglicht, wird daraufhin angezeigt. Wenn er keine Befehle mehr ausführen möchte, verläßt der Befehl EXIT den neu aufgerufenen Befehlsinterpreter.

Hinweis Vorausgesetzt wird, daß die Datei COMMAND.COM im aktuellen Verzeichnis enthalten oder über den Suchweg des Systems (PATH) erreichbar ist.

Konzepte der Batch-Programmierung 6

Nach dem Aufruf von USEDOS.BAT zeigt MS-DOS folgendes an:

```
Aufruf aus Batch-Datei,
MS-DOS Eingabeaufforderung
MICROSOFT(R) MS-DOS(R) Version 5.00
   (C)Copyright Microsoft Corp 1981-1991
C:>
```

DOS hat den neuen Befehlsinterpreter geladen und erlaubt nun die Eingabe beliebiger Befehle - wie beispielsweise DATE oder TIME. Die Rückkehr zu USEDOS.BAT (und damit zur ursprünglichen Kopie von COMMAND) erfolgt über den Befehl EXIT:

```
Aufruf aus Batch-Datei, MS-DOS Eingabeaufforderung
MICROSOFT(R) MS-DOS(R) Version 5.00
         (C)Copyright Microsoft Corp 1981-1991
C:\> DATE
Gegenwärtiges Datum: Sa, 11.05.1991
Neues Datum (TT.MM.JJ):
C:\> EXIT
Zurück in der Batch-Datei
C:>
```

Mehr als neun Parameter: SHIFT

Wie wir bereits besprochen haben, definiert MS-DOS mit den Variablen %1 bis %9 die Möglichkeit, bis zu neun Kommandozeilen-Parameter in einer Batch-Datei auszuwerten. Auch wenn diese Zahl auf den ersten Blick recht hoch erscheint - schließlich kommen 99% aller Befehle mit maximal zwei oder drei Parametern aus - kann es Fälle geben, in denen diese Grenze eine echte Beschränkung darstellt. Wie wäre es beispielsweise mit einem Programm, das bei einem Aufruf eine (fast) beliebige Zahl von Dateien ausdrucken können soll?

Der Befehl SHIFT bietet hier eine Lösung an. Er verschiebt sozusagen bei jedem Aufruf die Parameter-Variablen um eins nach links: der Wert des Parameters %1 wird in die Variable %0 kopiert, der Wert von %2 in %1 etc. In einem Programm, das mit mehr als neun Parametern aufgerufen wurde, enthält %9 als Ergebnis eines ersten SHIFT-Befehls den zehnten Parameter, als Ergebnis eines zweiten SHIFT-Befehls den elften Parameter usw. (Sollten keine weiteren Parameter mehr vorhanden sein, ordnet SHIFT den Variablen wie gewohnt Nullstrings zu.)

Als Beispiel nehmen wir die Datei ONESHIFT.BAT:

6 Konzepte der Batch-Programmierung

```
ECHO OFF
CLS
ECHO %0 %1 %2 %3 %4 %5 %6 %7 %8 %9
SHIFT
ECHO %0 %1 %2 %3 %4 %5 %6 %7 %8 %9
```

Wenn Sie diese Datei mit

`C:\> ONESHIFT A B C`

aufrufen, zeigt MS-DOS an:

```
ONESHIFT A B C
A B C
```

Wenn Sie diese Datei mit mehr als neun Parametern aufrufen, erhalten Sie ein Ergebnis wie:

```
C:\> ONESHIFT 1 2 3 4 5 6 7 8 9 10 11
ONESHIFT 1 2 3 4 5 6 7 8 9
1 2 3 4 5 6 7 8 9 10
```

Beachten Sie, daß SHIFT den Parameter 10 der Variablen %9 zuweist. Diese Operation wird folgendermaßen bildlich dargestellt:

Abbildung 4
Verschieben von Parametern mit SHIFT

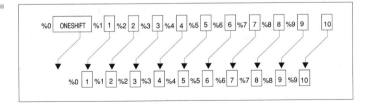

Die Datei TWOSHIFT.BAT wendet den Befehl SHIFT zweimal an:

```
ECHO OFF
CLS
ECHO %0 %1 %2 %3 %4 %5 %6 %7 %8 %9
SHIFT
ECHO %0 %1 %2 %3 %4 %5 %6 %7 %8 %9
SHIFT
ECHO %0 %1 %2 %3 %4 %5 %6 %7 %8 %9
```

Konzepte der Batch-Programmierung 6

Wenn Sie dieses Programm mit

`C:\> TWOSHIFT A B C`

aufrufen, zeigt MS-DOS an:

```
TWOSHIFT A B C
A B C
B C
```

Wenn Sie TWOSHIFT mit mehr als neun Parametern aufrufen - etwa mit

`C:\> TWOSHIFT 1 2 3 4 5 6 7 8 9 10 11`

- dann zeigt MS-DOS an:

```
TWOSHIFT 1 2 3 4 5 6 7 8 9
1 2 3 4 5 6 7 8 9 10
2 3 4 5 6 7 8 9 10 11
```

Behalten Sie in Erinnerung, daß SHIFT der Variablen %9 einen Nullstring zuweist, wenn der letzte vom Benutzer angegebene Wert bereits eingesetzt wurde. Ob eine Variable einen Parameter oder einen Nullstring enthält, läßt sich wie gehabt mit einem IF-Befehl testen.

Das Programm SHIFTIT.BAT demonstriert diese Möglichkeit und geht dabei einen etwas anderen Weg: es »schiebt« die Angaben des Benutzers nacheinander in die Variable %0 und beschränkt sich bei der Auswertung auf diese eine Variable:

```
ECHO OFF
:REPEAT
ECHO %0
SHIFT
IF NOT "%0"=="" GOTO REPEAT
```

Wenn Sie SHIFTIT mit

`C:\>SHIFTIT ONE TWO THREE`

aufrufen, zeigt MS-DOS an:

```
SHIFTIT
ONE
TWO
THREE
```

Beim Start von SHIFTIT enthält die Variable %0 den Namen der Datei selbst. Eine erste Ausführung von SHIFT weist dieser Variablen (in unserem Beispiel) den Wert ONE zu, weshalb der nachfolgende Vergleich mit einem Nullstring negativ ausfällt: weiter geht es also

6 Konzepte der Batch-Programmierung

mit dem Label REPEAT, einer Ausgabe dieses Parameters und dem nächsten SHIFT. Dieser Vorgang wiederholt sich solange, bis sämtliche Parameter in die Variable %0 »hineingeschoben« worden sind: nach dem vierten SHIFT enthält %0 einen Nullstring, und das Programm endet.

Mit derselben Technik läßt sich eine Datei D.BAT erstellen, die den Befehl DIR erweitert:

```
ECHO OFF
CLS
:REPEAT
DIR %1
SHIFT
IF NOT "%1"=="" GOTO REPEAT
```

Dieses Programm kann man beispielsweise mit

```
C:\> DIR *.* *.BAT COMMAND.COM
```

aufrufen - woraufhin es in einem ersten Durchgang sämtliche Dateien, im zweiten Durchgang alle Batch-Dateien und schließlich die Datei COMMAND.COM anzeigt (soweit im aktuellen Verzeichnis vorhanden).

Wenn Sie die Zeile

```
DIR %1
```

durch

```
FOR %%A IN (%1) DO TYPE %%A
```

ersetzen, dann gibt das Programm mit derselben Logik die entsprechenden Dateien via TYPE aus.

≡ Der Batch-Befehl SHIFT

Funktion
Verschiebt die Variablenwerte %0 bis %9 bei jedem Aufruf um eins nach links, d.h. weist der Variablen %0 den Wert der Variablen %1 zu, der Variablen %1 den Wert von %2 usw.

Format
SHIFT

Konzepte der Batch-Programmierung 6

Erläuterung

DOS unterstützt über die Variablennamen %0 bis %9 bis zu neun Parameter direkt. Programme, die mit mehr als 9 Parametern arbeiten, können den zehnten, elften ... Parameter über SHIFT erreichen.

In einem Programm SHIFTST.BAT enthalten die Variablen %0 bis %5 beim Aufruf mit

```
C:\> SHIFTTST A B C D
```

beispielsweise die folgenden Werte:

```
%0 enthält SHIFTTST
%1 enthält A
%2 enthält B
%3 enthält C
%4 enthält D
%5 enthält "" (Nullstring)
```

Die Variablen %6 bis %9 enthalten ebenfalls Nullstrings.

Ein Aufruf von SHIFT verschiebt die Werte sämtlicher Variablen um eine Position nach links. Das Ergebnis:

```
%0 enthält A
%1 enthält B
%2 enthält C
%3 enthält D
%4 enthält "" (Nullstring)
%5 enthält "" (Nullstring)
```

Für Befehlszeilen mit mehr als neun Parametern bekommt die Variable %9 dabei jeweils den nächsten Parameter zugewiesen. Wenn sämtliche Parameter auf diese Weise »hineingeschoben« sind, setzt MS-DOS Nullstrings ein.

Das folgende Programm benutzt SHIFT, um alle auf der Befehlszeile befindlichen Parameter anzuzeigen.

Beispiel

```
:Repeat
IF "%1"=="" GOTO NO_MORE
ECHO %1
SHIFT
GOTO REPEAT
:NO_MORE
```

Dieses Programm besteht aus einer einfachen Schleife, die bei jedem Durchlauf erst den momentanen Wert der Variablen %1 ausgibt und danach sämtliche Parameter via SHIFT um eins nach links verschiebt. Die Schleife endet, wenn %1 durch diese Verschiebung einen Nullstring zugewiesen bekommt, d.h. keine weiteren Parameter mehr zu bearbeiten sind.

Ausnahmen

Mit SHIFT haben wir nun auch den letzten Batch-Befehl besprochen, den MS-DOS zur Verfügung stellt. Sehen wir uns vor dem Einstieg in andere Themengebiete noch einige typische Probleme an.

Die Fehlermeldung

```
Befehl oder Dateiname nicht gefunden
```

ist ein Signal dafür, daß ein Befehl in einer Batch-Datei entweder falsch geschrieben oder für MS-DOS nicht erreichbar ist. Der schnellste Weg zur Lokalisierung des Problems besteht im »Hinauskommentieren« des Befehls ECHO OFF, der sich üblicherweise zu Anfang des Programms befindet. Wenn man diesem Befehl ein REM vorangestellt hat - also

```
REM ECHO OFF
...
```

- zeigt DOS jeden Befehl vor der Ausführung an. Als Ergebnis sollte der ungültige Befehlsname unmittelbar vor der Fehlermeldung auf dem Bildschirm erscheinen. Die Datei BADCMD.BAT enthält z.B. einen ungültigen MS-DOS-Befehl:

```
VER ECHO OFF

XYZ12345
VOL
```

Wenn Sie diese Datei aufrufen, zeigt MS-DOS an:

```
C:\>VER
MS-DOS Version 5.00
C:\>XYZ12345
Befehl oder Dateiname nicht gefunden

C:\>VOL
Datenträger in Laufwerk C ist MS-DOS 5
Datenträgernummer: 3921-18D3

C:>
```

Wie zu sehen, folgt die Fehlermeldung hier unmittelbar auf den Befehl *XYZ12345*, der damit eindeutig als Übeltäter entlarvt ist. Um einen im eigentlichen Sinne »ungültigen« Befehl muß es sich dabei übrigens nicht handeln: *Befehl oder Dateiname nicht gefunden* besagt lediglich, daß MS-DOS keine Datei des angegebenen Namens gefunden hat. In diesem Fall liegt das Problem nicht in der Schreibweise des entsprechenden Befehls, sondern in der Tatsache, daß der Suchweg des Systems (PATH) das entsprechende Verzeichnis nicht enthält.

DOS unterscheidet zwischen internen und externen Befehlen. Interne Befehle (wie z.B. TYPE, DATE, CLS und VER) sind ständig in Ihrem Arbeitsspeicher. Bei externen Befehlen handelt es sich um Programme (COM, EXE und BAT), die auf der Festplatte gespeichert sind und zur Ausführung in den Hauptspeicher geladen werden müssen. Wenn sich diese Programme weder im aktuellen Verzeichnis noch in einem Verzeichnis befinden, dessen Name in der Variablen PATH enthalten ist, reagiert MS-DOS mit der Meldung *Befehl oder Dateiname nicht gefunden*.

Hinweis

Die Lösung des Problems besteht in diesem Fall darin, das entsprechende Verzeichnis in die Variable PATH mit aufzunehmen - entweder durch eine direkte Neueingabe im Sinne von

```
C:\DOS> PATH=C:\DOS;C:\<neues Programmverzeichnis>
```

- oder über ein Programm wie das auf Seite 92 gezeigte MYPATH, das den ursprünglichen Inhalt von PATH automatisch berücksichtigt.

Wenn Sie anstelle von Edlin oder EDIT eine »echte« Textverarbeitung zur Eingabe Ihrer Batch-Dateien benutzen, schaffen Sie damit eine weitere Fehlermöglichkeit: Wie in Kapitel 1 erläutert, müssen Sie Ihre Textverarbeitung in jedem Fall anweisen, die Daten als ASCII-Text zu speichern. Unterbleibt diese zusätzliche Angabe, dann bringen Textverarbeitungen üblicherweise ihre eigenen Steuerzeichen für Absatzformate, Schriftattribute usw. in der Datei unter. Mit diesen Steuerzeichen kann MS-DOS nichts anfangen - und reagiert folglich ebenfalls mit der Meldung *Befehl oder Dateiname nicht gefunden*.

Die Meldung

```
Datei nicht gefunden
```

steht üblicherweise dafür, daß die Befehle Ihres Programms durchaus richtig sind, MS-DOS aber eine auszugebende bzw. zu bearbei-

6 Konzepte der Batch-Programmierung

tende Datei nicht lokalisieren konnte. Ein Beispiel für eine solche Situation ist BADFILE.BAT:

```
TYPE 12345678.XYZ
```

Wenn Sie dieses Programm starten, reagiert DOS mit:

```
Datei nicht gefunden
C:\>
```

Tatsächlich stammt diese Fehlermeldung nicht von DOS, sondern vom Befehl TYPE, der zwar aufgerufen wurde, die Datei 12345678.XYZ aber nicht lokalisieren konnte. Wenn man mit Parametern arbeitet, hilft an dieser Stelle eine vorherige Prüfung mit IF EXIST weiter:

```
IF NOT EXIST %1 GOTO NO_FILE
...
GOTO DONE
:NO_FILE
ECHO Datei %1 nicht gefunden!
:DONE
```

Sprünge mit GOTO sind in diesem Zusammenhang eine ausgesprochen hilfreiche Angelegenheit, bergen aber natürlich ihrerseits Fehlermöglichkeiten in sich. Auf den Befehl GOTO XYZ sucht MS-DOS die gesamte Batch-Datei nach einer Marke namens :XYZ ab - und meldet, falls diese Marke nicht existiert:

```
Marke nicht gefunden
```

Sollte dieser Fehler auftreten, müssen Sie prüfen, ob Ihre Datei die Marke enthält und die Marke korrekt geschrieben wurde. Die folgende Datei, NOLABEL.BAT, zeigt, daß MS-DOS die Ausführung sofort stoppt, wenn eine Marke fehlt oder ungültig ist:

```
GOTO DONE
VER
VOL
```

Bei der Ausführung dieser Datei erscheint die Meldung:

```
Marke nicht gefunden
```

Beachten Sie, daß MS-DOS weder den Befehl VER noch den Befehl VOL ausgeführt hat.

Des weiteren sollten Sie im Kopf behalten, daß MS-DOS bei Marken nur über die ersten acht Zeichen unterscheidet. Wenn MS-DOS zwischen zwei Marken nicht unterscheiden kann, benutzt es die erste

Konzepte der
Batch-Programmierung **6**

Marke, die es findet. Die Datei 2LABELS.BAT benutzt die Marken *BatchLabelOne* und *BatchLabelTwo*. Da die ersten acht Buchstaben dieser Marken identisch sind, sieht MS-DOS keinen Unterschied zwischen beiden:

```
:BatchLabelOne
VER
GOTO BatchLabelTwo
VOL
:BatchLabelTwo
```

Wenn Sie diese Datei aufrufen, wiederholt MS-DOS solange die aktuelle Datenträgernummer, bis Sie das Geschehen mit [Strg]+[C] abbrechen. Der Grund für dieses auf den ersten Blick höchst merkwürdige Verhalten liegt wie gesagt darin, daß MS-DOS den Befehl *GOTO BatchLabelTwo* als *GOTO BatchLab* behandelt - und auf der Suche nach dieser Zeichenfolge bereits bei *BatchLabelOne* fündig wird.

Zusätzliche Befehle von OS/2

OS/2 unterstützt sämtliche Batch-Befehle von MS-DOS und kennt darüber hinaus noch drei weitere: EXTPROC, SETLOCAL und ENDLOCAL.

EXTPROC das Laden eines alternativen Befehlsinterpreters, ist ein grobes Gegenstück zum DOS-Befehl COMMAND und wird nur ausgesprochen selten eingesetzt. Das Format dieses Befehls ist:

```
EXTPROC [Laufwerk:][Pfad]Dateiname.ext [Parameter...]
```

Wie beim DOS-Befehl COMMAND kann auch hier optional ein Laufwerksbezeichner und/oder ein Suchweg angegeben werden. Die als *Parameter* bezeichneten Daten werden dem via EXTPROC aktivierten Programm übergeben.

Da EXTPROC OS/2 die Bezeichnung des Befehlszeileninterpreters mitteilt, muß dieser Befehl der erste einer Batch-Datei sein.   **Hinweis**

Der OS/2-Befehl EXTPROC

Funktion

Legt fest, welchen Befehlsinterpreter eine Batch-Datei zur Ausführung benutzen soll.

Format

```
EXTPROC [Laufwerk:][Pfad]Dateiname.ext [Parameter...]
```

Erläuterung

EXTPROC entspricht grob dem DOS-Befehl COMMAND, d.h. lädt einen Befehlsinterpreter, der danach die weitere Bearbeitung der Batch-Datei übernehmen soll. Da EXTPROC den Befehlsinterpreter definiert, den Ihre Batch-Datei benutzt, muß dieser Befehl der erste in der Datei sein.

Bekanntlich kann man mit Batch-Dateien das Standardlaufwerk und das Verzeichnis wechseln sowie Umgebungsvariablen neu setzen. Unter MS-DOS bleiben diese Veränderungen über das Ende der Batch-Datei hinaus erhalten.

Nehmen wir als Beispiel die Datei CHANGEIT.BAT. Sie definiert eine Umgebungsvariable FILE mit dem Wert FILENAME.EXT, wechselt im aktuellen Laufwerk zum Stammverzeichnis und setzt schließlich das Laufwerk A: als Standard für weitere Operationen:

```
SET FILE=FILENAME.EXT
CHDIR \
A:
```

Dieser Zustand bleibt nach der Ausführung von CHANGEIT.BAT erhalten - was normalerweise auch eine wünschenswerte Angelegenheit ist. Was aber, wenn diese Einstellungen nur temporär gebraucht werden und man eigentlich hinterher wieder den Originalzustand wünscht?

An diesem Punkt kommen die Befehle SETLOCAL und ENDLOCAL ins Spiel: Mit ihnen läßt sich der Zustand des Systems (Umgebungsvariablen, aktuelles Verzeichnis und aktuelles Laufwerk) sozusagen einfrieren.

Betrachten wir als Beispiel für diese beiden Befehle die Datei NOCHANGE.BAT:

```
SETLOCAL
SET FILE=NEUER_NAME.EXT
CHDIR \
A:
ENDLOCAL
```

Auf den Befehl SETLOCAL hin speichert OS/2 das aktuelle Laufwerk, das aktuelle Verzeichnis und sämtliche Umgebungsvariablen, die das Programm danach beliebig verändern kann. Der Befehl ENDLOCAL stellt den zuvor mit SETLOCAL festgehaltenen Zustand wieder her (und wird in den meisten Fällen nicht benötigt, weil OS/2 diese Operation notfalls auch selbst am Ende der Batch-Datei übernimmt).

Die OS/2-Befehle SETLOCAL und ENDLOCAL

Funktion
SETLOCAL hält den aktuellen Zustand des Systems (Verzeichnis, Laufwerk und Umgebungsvariablen) fest; ENDLOCAL stellt den mit SETLOCAL festgehaltenen Zustand wieder her.

Format
```
SETLOCAL
(beliebige Befehle)
ENDLOCAL
```

Erläuterung
Diese beiden Befehle sind für Programme gedacht, die den Zustand des Systems vor Veränderungen festhalten und zu einem beliebigen Zeitpunkt (spätestens am Ende der Batch-Datei) wiederherstellen wollen.

Sie werden grundsätzlich paarweise angewendet, wobei man ENDLOCAL in den meisten Fällen nicht direkt benutzt: wenn eine Batch-Datei den Befehl SETLOCAL enthält, führt OS/2 am Ende dieser Datei ein implizites ENDLOCAL durch, d.h. stellt den zuvor festgehaltenen Zustand automatisch wieder her.

6 Konzepte der Batch-Programmierung

Beispiel Das folgende Programm ruft SETLOCAL auf, um das aktuelle Laufwerk, das aktuelle Verzeichnis und die Umgebungsvariablen festzuhalten. Als nächstes ändert die Batch-Datei das aktuelle Laufwerk und Verzeichnis und führt einige SET-Befehle zur Veränderung von Umgebungsvariablen aus. Da der ursprüngliche Zustand des Systems mit SETLOCAL festgehalten wurde, sind diese Veränderungen nur temporärer Natur:

```
SETLOCAL
A:
CD \
SET FILE=TEST.BAT
SET PATH=A:
SET PROMPT=A$g
ENDLOCAL
```

DOSKEY und Makros 7

Wie bereits mehrfach erläutert, können Sie mit Batch-Dateien Zeit sparen und die Anzahl der Tastatureingaben erheblich reduzieren. Wenn Sie mit MS-DOS 5 arbeiten, können Sie zusätzlich den leistungsfähigen Befehl DOSKEY dazu verwenden, um Ihre Arbeit noch mehr zu vereinfachen.

Anwendung von DOSKEY

Das mit der Version 5 von MS-DOS ausgelieferte Programm DOSKEY unterhält eine interne Liste, in die vom Benutzer eingegebenen Befehle der Reihe nach gespeichert werden. Über die Tasten [↑] und [↓] kann sich der Benutzer in dieser Liste bewegen, d.h. bereits gegebene Befehle wiederholen und/oder vor einer Wiederholung verändern. Aufgerufen wird das Programm im einfachsten Fall mit:

```
C:\> DOSKEY
DOSKEY installiert
```

Sollte DOSKEY zu diesem Zeitpunkt bereits installiert sein, erhalten Sie *keine* erneute Installationsmeldung. (Wenn Sie die folgenden Beispiele ausprobieren wollen, sollten Sie in diesem Fall den Befehl DOSKEY / REINSTALL geben, der die Liste bereits gespeicherter Befehle löscht).

Geben Sie nun der Reihe nach die DOS-Befehle CLS, VER und VOL. Während diese Befehle ausgeführt werden, zeichnet MS-DOS die Befehle in einer Liste auf. Mit den Pfeiltasten können Sie sich in dieser Liste bewegen und den Befehl in die Befehlszeile zurückrufen, den Sie erneut ausführen möchten:

7 DOSKEY und Makros

Tabelle 7
Pfeiltasten
in DOSKEY

Taste	Funktion
[↑]	Holt den Befehl zurück, der vor dem zuletzt angezeigten Befehl aufgerufen wurde.
[↓]	Holt den Befehl zurück, der nach dem zuletzt angezeigten Befehl aufgerufen wurde.
[Bild ↑]	Holt den Befehl zurück, der in der aktuellen Arbeitssitzung zuerst aufgerufen wurde.
[Bild ↓]	Holt den Befehl zurück, der zuletzt aufgerufen wurde.

Experimentieren Sie ein wenig mit den Pfeiltasten, d.h. bewegen Sie sich durch die in der Liste gespeicherten Befehle CLS, VER und VOL.

Jedesmal wenn Sie einen Befehl zurückrufen, bewegt MS-DOS den Cursor an das Ende der Befehlszeile, damit Sie den Befehl durch Drücken der Taste [↵] schnell ausführen können. Für die Veränderung eines Befehls vor seiner Ausführung stehen die folgenden Tasten zur Verfügung:

Tabelle 8
Tastenbefehle von
DOSKEY

Taste	Funktion
[←]	Bewegt den Cursor ein Zeichen nach links
[→]	Bewegt den Cursor ein Zeichen nach rechts
[Strg]+[←]	Bewegt den Cursor ein Wort zurück
[Strg]+[→]	Bewegt den Cursor ein Wort weiter
[Pos1]	Setzt den Cursor an den Anfang der Zeile
[Ende]	Setzt den Cursor an das Ende der Zeile
[Esc]	Löscht den Befehl von der Anzeige
[Rücktaste]	Löscht das Zeichen links vom Cursor
[Entf]	Löscht das Zeichen unter dem Cursor

Zusätzlich ermöglicht DOSKEY die Bearbeitung des zuletzt eingegebenen Befehls mit den Funktionstasten [F1] bis [F5].

DOSKEY und Makros 7

Taste	Funktion
F1	Kopiert ein Zeichen aus dem Zeilenpuffer in die Befehlszeile
F2	Sucht vorwärts im Zeilenpuffer nach dem nächsten Auftreten des Zeichens, das Sie nach dem Drücken von F2 eingeben. DOSKEY fügt dann aus dem Zeilenpuffer den Text bis zu diesem Zeichen ein (das Zeichen selbst bleibt unberücksichtigt)
F3	Kopiert den Rest des Zeilenpuffers in die Befehlszeile. DOSKEY beginnt mit dem Kopieren der Zeichen an der Position im Zeilenpuffer, die der Cursorposition in der Befehlszeile entspricht
F4	Löscht Zeichen, beginnend beim ersten Zeichen im Zeilenpuffer bis zu dem von Ihnen angegebenen Zeichen. Um diese Bearbeitungsfunktion zu verwenden, drücken Sie F4 und geben dann ein Zeichen ein. Eine direkte Anzeige über den Löschvorgang erhalten Sie nicht
F5	Kopiert die aktuelle Zeile in den Zeilenpuffer und löscht die Befehlszeile

Tabelle 9
Funktionstasten von DOSKEY

Der Parameter /HISTORY weist DOSKEY an, eine Liste aller im Speicher abgelegten Befehle anzuzeigen. Für unser Beispiel ergibt sich:

```
C:\> DOSKEY /HISTORY
CLS
VER
VOL
C:>
```

Auf die Eingabe von F7 reagiert DOSKEY mit der Anzeige aller bis dato eingegebenen Befehle in Form einer numerierten Liste:

```
1: CLS
2: VER
3:>VOL
```

Beachten Sie, daß vor dem Befehl VOL das Zeichen »>« steht. Es zeigt an, daß es sich um den »aktuellen« (d.h. zuletzt ausgewählten)

7 DOSKEY und Makros

Befehl handelt. Wenn Sie die Taste [F9] drücken, fordert DOSKEY Sie auf, die Nummer des gewünschten Befehls aus der Liste einzugeben:

`C:\>Zeilennummer:`

Wenn Sie dann 1 und die Eingabetaste drücken, setzt DOSKEY den Befehl CLS in die aktuelle Befehlszeile. Ebenso ist der Befehl VER der Zahl 2 zugeordnet.

Sie sparen viel Zeit bei Ihrer täglichen Arbeit mit DOS, wenn Sie den Befehl DOSKEY benutzen: Eingegebene Befehle lassen sich damit ausgesprochen einfach wiederholen bzw. notfalls korrigieren.

Erstellen von Makros

Mit DOSKEY können Sie nicht nur schnell vorher eingegebene Befehle zurückrufen, sondern auch Makros erstellen, die Batch-Dateien ähneln. Makros können wie Batch-Dateien einen oder mehrere Befehle enthalten, die MS-DOS mit der Makrodefinition verbindet. Ein Unterschied zu den Batch-Dateien besteht darin, daß letztere die Erweiterung BAT besitzen und auf einem Datenträger gespeichert werden, während Makros im Arbeitsspeicher bleiben. Wenn Sie Ihren Computer ausschalten, gehen sie folglich verloren. Sie können aber DOSKEY-Befehle auch in Ihrer Datei AUTOEXEC.BAT speichern, um die am häufigsten verwendeten Makros bei jedem Systemstart zu definieren.

Um ein Makro zu erstellen, müssen Sie den Namen des Makros und die für dieses Makro vorgesehenen Befehle als Parameter eines Aufrufs von DOSKEY angeben. Makrodefinitionen sind relativ kurz. Wenn ein Makro mehr als einen Befehl enthält, verwenden Sie zur Trennung das Metazeichen $T bzw. $t.

Der folgende DOSKEY-Aufruf definiert ein Makro mit der Bezeichnung CLSVV, das Ihren Bildschirm löscht und dann die Befehle VER und VOL ausführt:

`C:\> DOSKEY CLSVV=CLS $T VER $T VOL`

Wie zu sehen, müssen der Makroname (hier: CLSVV) und der Wert durch ein Gleichheitszeichen voneinander getrennt werden. Beachten Sie, daß dieses Makro das Metazeichen $T zur Trennung der drei Befehle CLS, VER und VOL verwendet. Um das Makro auszuführen, geben Sie einfach den Makronamen ein und drücken die Taste [↵].

`C:\> CLSVV`

DOSKEY und Makros 7

Wie wir bereits besprochen haben, erweitern die Parameter %1 bis %9 die Möglichkeiten Ihrer Datei. DOSKEY-Makros unterstützen ebenfalls Befehlszeilenparameter, die dort allerdings $1 bis $9 heißen. Das folgende Makro SHOWEM benutzt diese Symbole, um die Befehlszeilenparameter anzuzeigen:

C:\> DOSKEY SHOWEM=ECHO $1 $2 $3 $4 $5 $6 $7 $8 $9

Wenn Sie SHOWEM mit den Buchstaben A, B und C aufrufen, erscheint auf Ihrem Bildschirm folgendes:

```
C:\> SHOWEM A B C
C:\>ECHO A B C
A B C
```

Der DOS-Befehl SHIFT zum »Verschieben« von Variablen wird von DOSKEY-Makros nicht unterstützt. An seine Stelle tritt das Metazeichen $*: Es steht für den gesamten Text, der in einer Befehlszeile auf den Makronamen folgt. Der folgende Makro SHOWIT verwendet diesen Mechanismus:

```
C:\> DOSKEY SHOWIT=ECHO $*
C:\> SHOWIT Ein x-beliebiger Text mit maximal 128 Zeichen
ECHO Ein x-beliebiger Text mit maximal 128 Zeichen
Ein x-beliebiger Text mit maximal 128 Zeichen
C:\>
```

Beachten Sie, daß Makros wie Batch-Dateien die einzelnen Befehle vor ihrer Ausführung anzeigen. Leider läßt sich diese Anzeige hier nicht mit ECHO OFF unterdrücken.

In vielen Fällen wird man ein Unterverzeichnis mit MKDIR erstellen und direkt danach den Befehl CHDIR geben, um das neue Unterverzeichnis als Standard für weitere Operationen zu setzen. Das folgende Makro MDCD faßt diese beiden Schritte in einem Befehl zusammen:

C:\> DOSKEY MDCD=MKDIR $1 $T CHDIR $1

Um das Verzeichnis TEST zu erstellen und es als aktuelles Verzeichnis auszuwählen, rufen Sie das Makro wie folgt auf:

C:\> MDCD TEST

Wenn Sie ein Makro mit dem gleichlautenden Namen eines existierenden Makros erstellen, überschreibt DOSKEY das existierende Makro. Der folgende Befehl verändert z.B. das Makro SHOWEM, um jeden Wert in einer eigenen Zeile anzuzeigen:

C:\> DOSKEY SHOWEM=FOR %I IN ($*) DO ECHO %I

115

7 DOSKEY und Makros

DOSKEY-Makros unterstützen die Umleitungszeichen von MS-DOS und müssen deshalb für die Umleitungszeichen selbst eigene Symbole verwenden:

Bezeichnung	Bedeutung
$G oder $g	DOS Ausgabeumleitungszeichen >
$L oder $l	DOS Eingabeumleitungszeichen <
$B oder $b	DOS Verkettungszeichen |

Das folgende Makro PRINTDIR benutzt die Umleitungszeichen, um eine sortierte Verzeichnisliste zu drucken:

```
C:\> DOSKEY PRINTDIR=DIR $B SORT $G PRN
```

Zugegeben: Sie hätten auch den Befehl DIR /O verwenden können, um das sortierte Verzeichnis zu erstellen und den Befehl SORT dadurch auszuschalten. In diesem Fall war es das Ziel des Makros, die Metazeichen $B und $G darzustellen.

Der Parameter /MACROS weist DOSKEY an, die aktuelle Liste der Makros anzuzeigen. Nehmen wir an, daß Sie die besprochenen Makros erstellt haben und diesen Befehl nun geben. Das Ergebnis ist:

```
C:\> DOSKEY /MACROS

CLSVV=CLS $t VER $t VOL
MDCD=MKDIR $1 $t CHDIR $1
SHOWIT=ECHO $*
SHOWEM=FOR %I IN ($*) DO ECHO %I
PRINTDIR=DIR $b SORT $g PRN

C:>
```

Die Grenzen von Makros

Wie bereits vorher erläutert, ähneln Makros Batch-Dateien, verhalten sich aber nicht in allen Punkten gleich. Makros unterstützen z.B. den Befehl ECHO OFF nicht, d.h. lassen das Abschalten der Befehlsanzeige nicht zu. Auf Marken und den Befehl GOTO müssen Sie in Makros ebenfalls verzichten. Aus einem Makro heraus können Sie eine Batch-Datei ausführen - umgekehrt geht das allerdings nicht. Sie können aber eine Batch-Datei dazu benutzen, einen oder mehrere

DOSKEY und Makros 7

Makros zu definieren. Es ist auch nicht möglich, aus einem Makro heraus ein anderes Makro aufzurufen. Schließlich müssen Sie, um ein Makro anzuhalten, die Tastenkombination [Strg]+[C] für jeden Befehl des Makros je einmal drücken.

Der Befehl DOSKEY

Funktion
DOSKEY ermöglicht das »Zurückholen« und Modifizieren zuvor eingegebener Befehle über die Pfeiltasten sowie die Definition von Makros, die ihrerseits für eine Folge von DOS-Befehlen stehen können.

Format
```
DOSKEY [/REINSTALL][/BUFSIZE=Größe] [/MAKROS|/M]
[/HISTORY|/H][/INSERT|/OVERSTRIKE]
[Makroname=Makrotext][/?]
```

Erläuterung
DOSKEY ist ein speicherresidentes Programm, d.h. verbleibt nach seinem Start permanent im Hauptspeicher. Der Zusatz /REINSTALL weist DOSKEY an, alle zuvor bereits gespeicherten Befehle sowie Makros zu löschen.

DOSKEY speichert Befehle und Makros in einem Puffer. Die Option /BUFSIZE=Größe ist nur beim ersten Aufruf des Programms bzw. einer Re-Installation via /REINSTALL erlaubt und legt die Größe dieses Puffers fest. Die Standardgröße ist 1024 Byte. Wenn Sie eine große Anzahl von Makros erstellen wollen, können Sie diese Puffergröße auf maximal 4096 Byte erhöhen.

Der Parameter /MACROS weist DOSKEY an, die Makros anzuzeigen, die sich gegenwärtig im Speicher befinden; mit dem Parameter /HISTORY DOSKEY erhält man eine Liste der bereits gespeicherten Kommandos.

/INSERT weist DOSKEY an, sich so zu verhalten, als hätten Sie die Taste [Einf] gedrückt; /OVERSTRIKE bewirkt das Gegenteil, d.h. das Überschreiben bereits existierender Texte.

Beim Aufruf mit dem Parameter /? gibt DOSKEY eine Hilfestellung aus.

7 DOSKEY und Makros

Die Definition eines Makros geschieht über den Aufruf von DOSKEY mit dem Namen des zukünftigen Makros und einem Gleichheitszeichen, dem der Text des Makros direkt folgen muß. Die Trennung von DOS-Befehlen innerhalb eines Makros erfolgt über das Metazeichen $T bzw. $t.

Beispiele

Der Aufruf weist DOSKEY an, den gegenwärtigen Befehlspuffer und die bereits definierten Makros anzuzeigen:

```
C:\> DOSKEY /HISTORY /MACROS
```

Der folgende Aufruf definiert ein Makro namens CP, der den DOS-Befehl COPY abkürzt:

```
C:\> DOSKEY CP=COPY $*
```

Optimierung: ANSI.SYS und DEBUG

Wie ein DIR-Befehl im DOS-Verzeichnis zeigt, findet sich dort unter anderem auch eine Datei namens ANSI.SYS:

```
C:\> DIR ANSI.SYS
Datenträger in Laufwerk C ist MS-DOS 5
Datenträgernummer: 3A2F-18E9
Verzeichnis von C:\DOS
ANSI     SYS      8868  13.12.90   4:09
     1 Datei(en)     8868 Byte
                 21231616 Byte Frei
```

Die Dateinamenerweiterung SYS zeigt an, daß es sich dabei um eine Systemdatei handelt. Genauer gesagt ist ANSI.SYS ein *Gerätetreiber*, der das Aussehen Ihres Bildschirms und die Bedeutung der Tasten auf Ihrer Tastatur verändern bzw. funktional erweitern kann. (Ein Gerätetreiber ist ein Programm, das MS-DOS bei jedem Systemstart in den Arbeitsspeicher lädt und das für die Ansteuerung eines bestimmen Gerätes zuständig ist - im Falle von ANSI.SYS dreht es sich dabei um Tastatur und Bildschirm.)

Um einen Gerätetreiber zu installieren, müssen Sie den Befehl DEVICE= in CONFIG.SYS einfügen. Sie werden sich erinnern, daß MS-DOS die Datei CONFIG.SYS bei jedem Systemstart liest und über die dort enthaltenen Einträge das System konfiguriert (vgl. Kapitel 1). ANSI.SYS wird in CONFIG.SYS mit der folgenden Zeile eingetragen:

```
DEVICE=ANSI.SYS
```

Solange sich ein Gerätetreiber nicht im selben Verzeichnis wie CONFIG.SYS befindet, erwartet MS-DOS einen vollständigen Pfadnamen. Aus diesem Grund hat der Eintrag üblicherweise die Form *DEVICE=C:\DOS\ANSI.SYS.*

Da MS-DOS die Datei CONFIG.SYS nur einmal liest - und zwar beim Start des Systems - werden Veränderungen dieser Datei erst durch einen Neustart des Computers wirksam. **Hinweis**

8 Optimierung: ANSI.SYS und DEBUG

Um in Ihren Batch-Dateien den mit ANSI.SYS erweiterten Modus für den Bildschirm und/oder die Tastatur benutzen zu können, müssen Sie entweder den MS-DOS-Befehl ECHO oder den MS-DOS-Befehl PROMPT verwenden. Beide können spezielle Steuerzeichen ausgeben, die ANSI.SYS als Befehle interpretiert.

Worum es sich bei diesen »speziellen Steuerzeichen« handelt? Um *ANSI-Escapesequenzen*, die mit dem Zeichen Escape (ASCII-Code 27) beginnen und danach entweder ein oder mehrere Zeichen enthalten, die ANSI.SYS als Befehle interpretiert. Auf diese Weise - nämlich durch die Ausgabe von Escapesequenzen - geschieht das Positionieren des Cursors, das Verändern von Bildschirmfarben und die Neubelegung der Tastatur. Fangen wir mit dem Verändern von Bildschirmfarben an. Die dazugehörige Escapesequenz ist:

```
Esc[Farbem
```

Esc steht hier für das Zeichen Escape (ASCII-Code 27), *Farbe* für einen der Codes, die in der folgenden Tabelle näher erläutert werden.

Tabelle 10
Von ANSI.SYS
unterstützte
Farbcodes

Code	Farbe
0	Alle Attribute aus
1	Fettdarstellung
2*	Textattribut mit geringer Intensität
3*	Kursivschrift
4	Unterstreichen (nur auf IBM Monochrombildschirm; Farbe (blau) für VGA)
5	Blinken
6*	Textattribut schnell blinkend
7	Invertierte Darstellung
8	Verdecktes Textattribut
30	Schwarzer Vordergrund
31	Roter Vordergrund
32	Grüner Vordergrund
33	Gelber Vordergrund
34	Blauer Vordergrund
35	Magentaroter Vordergrund ▶

Optimierung: ANSI.SYS und DEBUG 8

Code	Farbe
36	Türkiser Vordergrund
37	Weißer Vordergrund
40	Schwarzer Hintergrund
41	Roter Hintergrund
42	Grüner Hintergrund
43	Gelber Hintergrund
44	Blauer Hintergrund
45	Magentaroter Hintergrund
46	Türkiser Hintergrund
47	Weißer Hintergrund
48*	Subscript
49*	Superscript

Hinweis Die mit einem Sternchen gekennzeichneten Einträge gelten nicht für VGA-Bildschirme. Nicht alle Codes werden in allen Versionen von ANSI.SYS unterstützt.

Die Escapesequenz

`Esc[31m`

setzt den Bildschirmvordergrund auf »Rot«. Die Zeichenfolge:

`Esc[42m`

wählt entsprechend einen grünen Hintergrund. Mit dem folgenden Befehl kann man den Bildschirmhintergrund über die System-Eingabeaufforderung auf Türkis setzen:

`PROMPT $e[46m$p$g`

Hinweis Das »$e« im PROMPT-Befehl steht dabei für das Zeichen Escape, d.h. den ASCII-Code 27.

Die Zeichenfolge *Esc46m* wird von ANSI.SYS als Befehl zum Setzen des Hintergrundes in Türkis interpretiert und erscheint nicht auf dem Bildschirm; die Zeichenfolge *pg* stellt das übliche Prompt dar, d.h. Laufwerk und Verzeichnisnamen, gefolgt von einer spitzen Klammer.

8 Optimierung: ANSI.SYS und DEBUG

Wenn Sie nun den Befehl

```
CLS
```

geben, wird der gesamte Bildschirm Türkis eingefärbt. Auf dieselbe Weise ließe sich auch ein blauer Bildschirmvordergrund definieren:

```
PROMPT $e[34m$p$g
```

Da beide PROMPT-Befehle bis auf den unterschiedlichen Farbcode identisch sind und es recht lästig sein dürfte, immer wieder einen CLS-Befehl zu geben, kann man das ganze auch in eine Batch-Datei namens SCRCOLOR.BAT zusammenfassen, die mit einem Parameter für den Farbcode arbeitet:

```
IF "%1"=="" GOTO DONE
PROMPT $e[%1m
PROMPT [$p]
CLS
:DONE
```

Um Ihre Bildschirmfarbe zu ändern, geben Sie den Farbcode einfach als Parameter beim Aufruf von SCRCOLOR an:

```
C:\> SCRCOLOR 42
```

Das Ergebnis dieses Beispiels ist ein grüner Bildschirmhintergrund. Offensichtlich funktioniert das Ersetzen von Variablen wie %1 mit einer Zeichenfolge wie »42« auch in diesem Fall reibungslos.

Der erste PROMPT-Befehl wird also zu:

```
PROMPT Esc[42m
```

Was man mit Zeichenattributen wie Fettschrift, Blinken und invertierte Darstellung anfangen kann, demonstriert das nächste Beispiel. Betrachten wir einmal eine Anwendung, die die folgende Meldung erzeugt:

```
DATEINAME.EXT wird gelöscht
Eine beliebige Taste drücken, um fortzusetzen
```

Wie man Pieptöne einsetzt, um die Aufmerksamkeit des Benutzers auf wichtige Punkte zu lenken, haben wir bereits einige Kapitel zuvor demonstriert. Daß es auch anders geht, zeigt die Datei DELETE.BAT - sie fragt in blinkender Schrift zurück, ob eine Datei tatsächlich gelöscht werden soll:

Optimierung: ANSI.SYS und DEBUG 8

```
ECHO OFF
IF "%1"=="" GOTO DONE
REM Textattribut Blinken setzen
REM ECHO ON einschalten um mit
REM Befehl PROMPT Textattribut
REM zu ändern
PROMPT $e[5m
ECHO ON
ECHO OFF
CLS
PROMPT [$p]
REM Warnmeldung anzeigen
ECHO Löscht gerade %1
PAUSE
DEL %1
PROMPT $e[0m
REM Wieder auf Standardwerte
REM zurücksetzen. ECHO ON
REM einschalten
ECHO ON
ECHO OFF
PROMPT [$p]
:DONE
```

DELETE.BAT hat allerdings einen Schönheitsfehler: Nachdem die Rückfrage wie gewünscht in blinkender Schrift ausgegeben wurde, muß das Programm irgendwie wieder zum Normalzustand des Systems zurück - und setzt deshalb einfach »weiße Zeichen auf schwarzem Hintergrund«. Anders gesagt: Wenn Sie sich zuvor eine andere Bildschirmfarbe ausgesucht haben, geht diese Auswahl durch DELETE.BAT verloren.

Einen Lösungsansatz demonstriert die Datei SCRCOLOR.BAT. Sie setzt nicht nur die Farben des Bildschirms, sondern hält die neu gesetzte Einstellung in drei Umgebungsvariablen TEXTATTR, FOREG und BACKG (für Textattribut, Vorder- und Hintergrund) fest:

```
IF "%1"=="" GOTO DONE
PROMPT $e[%1m
PROMPT [$p]
CLS
ECHO OFF
REM Parameter einfügen TextAttr,
REM Vordergrund und Hintergrund
IF "%1"=="=" SET TEXTATTR=0
IF "%1"=="1" SET TEXTATTR=1
```

8 Optimierung: ANSI.SYS und DEBUG

```
IF "%1"=="2" SET TEXTATTR=2
IF "%1"=="3" SET TEXTATTR=3
IF "%1"=="4" SET TEXTATTR=4
IF "%1"=="5" SET TEXTATTR=5
IF "%1"=="6" SET TEXTATTR=6
IF "%1"=="7" SET TEXTATTR=7
IF "%1"=="8" SET TEXTATTR=8
IF "%1"=="30" SET FOREG=30
IF "%1"=="31" SET FOREG=31
IF "%1"=="32" SET FOREG=32
IF "%1"=="33" SET FOREG=33
IF "%1"=="34" SET FOREG=34
IF "%1"=="35" SET FOREG=35
IF "%1"=="36" SET FOREG=36
IF "%1"=="37" SET FOREG=37
IF "%1"=="40" SET FOREG=40
IF "%1"=="41" SET BACKG=41
IF "%1"=="42" SET BACKG=42
IF "%1"=="43" SET BACKG=43
IF "%1"=="44" SET BACKG=44
IF "%1"=="45" SET BACKG=45
IF "%1"=="46" SET BACKG=46
IF "%1"=="47" SET BACKG=47
IF "%1"=="48" SET BACKG=48
IF "%1"=="49" SET BACKG=49
:DONE
```

Wie zu sehen, wird der beim Aufruf von SCRCOLOR angegebene Parameter einerseits zum Setzen der Farbe, andererseits zur Definition von einer der drei Variablen benutzt.

Wenn die Bildschirmfarben mit SCRCOLOR.BAT gesetzt werden, tun sich andere Programme wie DELETE.BAT ausgesprochen leicht beim Wiederherstellen des Originalzustandes - sie benutzen die von SCRCOLOR.BAT hinterlassenen Umgebungsvariablen:

```
ECHO OFF
IF "%1"=="" GOTO DONE
REM Textattribut Blinken setzen
REM ECHO ON einschalten, damit
REM Befehl Prompt Textattribut
REM ändert.
PROMPT $e[5m
ECHO ON
ECHO OFF
CLS
PROMPT [$p]
```

Optimierung: ANSI.SYS und DEBUG 8

```
REM Warnmeldung anzeigen
ECHO Löscht gerade %1
PAUSE
DEL %1
REM Standardfarbe wiederherstellen
REM ECHO ON wieder einschalten
ECHO ON
IF NOT "%TEXTATTR%"=="" PROMPT $e[%TEXTATTR%m
IF NOT "%FOREG%"=="" PROMPT $e[%FOREG%m
IF NOT "%BACKG%"=="" PROMPT $e[%BACKG%m
ECHO OFF
CLS
PROMPT [$p]
:DONE
```

Wie bereits kurz erläutert, kann man ANSI.SYS auch über den ECHO-Befehl Escapesequenzen senden. Mit Edlin ist es am einfachsten, eine Batch-Datei zu erstellen, die ECHO benutzt, um Escapesequenzen zu schreiben. Auf diese Weise können Sie die Datei SCRERASE.BAT erstellen, die die Escapesequenz

```
Esc[2J
```

verwendet, um den Bildschirm zu löschen und den Cursor in die obere linke Ecke zu setzen. Wie in Kapitel 1 erläutert, rufen Sie Edlin mit dem Dateinamen auf:

```
C:\>EDLIN SCRERASE.BAT
```

Edlin zeigt an:

```
C:\> EDLIN SCRERASE.BAT
Neue Datei
*
```

Als nächstes benutzen Sie den Befehl [I], um in den Einfügemodus von Edlin umzuschalten, tippen das Wort *ECHO* und drücken einmal die Leertaste:

```
C:\>EDLIN SCRERASE.BAT
Neue Datei
* I

    1:* ECHO
```

Jetzt müssen Sie die Escapesequenz zum Löschen des Bildschirms eingeben: Halten Sie die Taste [Strg] gedrückt und drücken Sie die Taste [V], bevor Sie [Strg] wieder lösen. Danach geben Sie eine eckige Klammer (»[«) ein, was entweder über den Befehl [Alt]+[9][1] oder

125

8 Optimierung: ANSI.SYS und DEBUG

über ⌜Strg⌝+⌜Alt⌝+⌜Ü⌝ geschehen kann. (Auf diese - zugegeben etwas eigenartige - Weise wird der ASCII-Code 27 in Edlin erzeugt).

```
C:\>EDLIN SCRERASE.BAT
Neue Datei
*I

    1:* ECHO ^V[
```

Als nächstes fügen Sie eine weitere öffnende eckige Klammer ein und tippen *2J*:

```
C:\>EDLIN SCRERASE.BAT
Neue Datei
*I

    1:* ECHO ^V[ [2J
```

Schließen Sie die Zeile mit ⌜↵⌝ und die gesamte Eingabe mit ⌜Strg⌝+⌜C⌝ ab. Geben Sie danach den Befehl ⌜E⌝, um den Text zu speichern und Edlin zu beenden.

Wenn Sie die Datei SCRERASE.BAT aufrufen, schreibt der Befehl ECHO die ANSI-Escapesequenz, die den Bildschirm löscht. (Sie könnten natürlich auch den DOS-Befehl CLS verwenden. Der Zweck der Übung lag allerdings weniger in einem praktischen Programm als in der Demonstration, wie man a) Escapesequenzen in einen ECHO-Befehl einbaut und b) Escape-Zeichen mit Edlin eingibt).

Mit dem bildschirmorientierten Editor EDIT der Version 5 von MS-DOS geht die Sache erheblich einfacher - wenn man einmal davon absieht, daß auch hier eine eigene Folge von Tastenbefehlen für die Eingabe des ASCII-Codes 27 verwendet wird. Um ein Escape-Zeichen mit EDIT zu erzeugen, geben Sie zuerst den Tastenbefehl ⌜Strg⌝+⌜P⌝ und tippen dann ⌜Esc⌝. (⌜Strg⌝+⌜P⌝ ist für EDIT sozusagen die Ankündigung eines direkt eingegebenen Zeichens, das nicht als Befehl interpretiert werden soll).

Das Ergebnis ist ein nach links weisender kleiner Pfeil auf dem Bildschirm, der für das Zeichen Escape steht. Was Details zur Eingabe anderer Steuerzeichen betrifft, verweisen wir auf das Benutzerhandbuch von MS-DOS 5.

Der ANSI-Gerätetreiber ist nicht nur auf Bildschirmfarben beschränkt: Unter anderem erlaubt er auch das Positionieren des Cursors, was speziell für Menüs eine ausgesprochen nützliche Angelegenheit ist. (Die Cursorposition legt nicht nur bei Eingaben, sondern

Optimierung: ANSI.SYS und DEBUG 8

auch bei Ausgaben fest, an welcher Stelle des Bildschirms das jeweils nächste Zeichen erscheint).

Die folgende Tabelle zeigt die fünf von ANSI.SYS definierten Befehle zur Positionierung des Cursors:

Zeichenfolge	Ergebnis
Esc[NumZeile A	Bewegt den Cursor nach oben
Esc[NumZeile B	Bewegt den Cursor nach unten
Esc[NumZeile C	Bewegt den Cursor nach rechts
Esc[NumZeile D	Bewegt den Cursor nach links
Esc[Zeile;Spalte H	Bewegt den Cursor zur angegebenen Zeile und dem angegebenen Zeichen

Tabelle 11
Escape-sequenzen zur Positionierung des Cursors

Die meisten Bildschirme sind im Textmodus in 25 Zeilen und 80 Spalten unterteilt, wobei man die linke obere Ecke mit dem Koordinatenpaar 1,1 (erste Zeile, erste Spalte) bezeichnet; die rechte untere Ecke des Bildschirms hat konsequent die Koordinaten 25, 80.

Die Batch-Datei CURPOS.BAT verwendet die ANSI-Escapesequenzen

```
Esc[5;5H
Esc[10;10H
Esc[20;20H
```

um Texte in den Zeilen- und Spaltenpositionen (1,1), (5,5), (10,10) und (20,20) auszugeben. Die Datei benutzt den Befehl ECHO, um den Cursor zu positionieren:

```
ECHO OFF
CLS
ECHO Esc[1;1HZeile 1, Spalte 1
ECHO Esc[5;5HZeile 5, Spalte 5
ECHO Esc[10;10HZeile 10, Spalte 10
ECHO Esc[20;20HZeile 20, Spalte 20
```

Bei der Eingabe dieser Datei müssen Sie jeweils die Zeichenfolge *Esc* durch ein echtes Escape-Zeichen (ASCII-Code 27) ersetzen. Wie zuvor demonstriert, geschieht das in Edlin über die Kombination [Strg]+[V][[], in EDIT mit der Kombination [Strg]+[P][Esc].

Hinweis

8 Optimierung: ANSI.SYS und DEBUG

Sie haben bereits die Datei HELPDOS.BAT erstellt, die für DOS-Befehle Hilfestellungen ausgibt. Über ANSI.SYS könnte man diese Datei so ändern, daß die Namen der DOS-Befehle in Fettschrift und zentriert innerhalb der jeweiligen Zeile ausgegeben werden. Wer es ganz besonders gründlich machen will, kann den Texten der Hilfestellung auch noch eine andere Hintergrundfarbe verpassen.

Das folgende Fragment verdeutlicht die Anwendung von ANSI.SYS bei der Erläuterung des DOS-Befehls CLS:

```
ECHO OFF
CLS
REM Alle Attribute aus
ECHO Esc[0m
REM Fettschrift auswählen
ECHO Esc[1m
REM Wort CLS zentrieren
ECHO Esc[1;35HCLS
REM Blaue Farbe für Text wählen
ECHO Esc[34m
ECHO Esc[3;1HBefehlsform: Intern
ECHO Esc[5;1HFunktion: löscht den Bildschirm
ECHO , setzt den Cursor in die obere linke Ecke
ECHO Esc[8;1HBeispiel: CLS
```

Der erste Schritt besteht hier im Ausschalten aller zusätzlichen Farb-Attribute, was eventuelle Farbkonflikte vermeidet. Der Befehlsname (CLS) wird in Fettschrift in der Mitte der Zeile ausgegeben, die eigentliche Hilfestellung mit einer eigenen Vordergrundfarbe. Zur Steuerung der Cursorposition kommt die Escapesequenz

`Esc[Reihe;ColH`

zum Einsatz, die für jeden der drei Abschnitte nur einmal notwendig ist: Der nachfolgende Text landet automatisch in der jeweils darunterliegenden Zeile. (Später werden wir erörtern, wie Sie Menüs aus einer Datei heraus erstellen und benutzen. Hier werden Sie die ANSI-Escapesequenzen für die Cursorposition häufig verwenden.)

Wie zu Anfang dieses Kapitels erwähnt, sind die Fähigkeiten von ANSI.SYS mit dem Ändern von Bildschirmfarben und dem Umsetzen des Cursors noch nicht erschöpft: Ein weiteres Anwendungsgebiet dieses Treibers liegt im Umdefinieren von Tasten.

Während ein Umdefinieren normaler Buchstaben oder der Taste ⏎ sicher nicht sonderlich sinnvoll wäre, verhält es sich mit den Funktionstasten etwas anders: Dort kann es durchaus Sinn machen, einer Taste eine ganze Zeichenfolge zuzuordnen. Wie Sie sich sicher erin-

Optimierung: ANSI.SYS und DEBUG 8

nern, sind in der Version 5 von MS-DOS die Funktionstasten [F1] bis [F10] bereits von DOSKEY belegt; ältere DOS-Versionen benutzen die Funktionstasten [F1] bis [F6] zur Bearbeitung von Befehlszeilen.

Jeder Taste auf Ihrer Tastatur ist ein einziger Wert zugeordnet; dieser Wert wird *Scancode* genannt. Die Tasten [F7] bis [F10] erzeugen die Scancodes 65, 66, 67 und 68.

Um einer dieser Funktionstasten eine Zeichenfolge zuzuordnen, wird die folgende ANSI-Escapesequenz benutzt:

Esc[0;Scancode;"Text"p

Um z.B. den MS-DOS-Befehl VER der Funktionstaste [F7] zuzuordnen, muß Ihre Befehlszeile wie folgt aussehen:

Esc[0;65;"VER"p

Genauso verfahren Sie, wenn Sie den Befehl CLS der Funktionstaste [F10] zuordnen. Sie geben folgende ANSI-Escapesequenz ein:

Esc[0;68;"CLS"p

Die Batch-Datei DEFKEY.BAT erwartet als ersten Parameter den Scancode einer Taste, als zweiten den zuzuordnenden Text:

```
IF "%1"=="" GOTO DONE
IF "%2"=="" GOTO DONE
ECHO Esc[0;%1;"%2"p
:DONE
```

Um z.B. den Befehl CLS der Funktionstaste [F10] zuzuordnen, müssen Sie DEFKEY.BAT also in der folgenden Form aufrufen:

C:\> `DEFKEY 68 CLS`

Wie Sie sehen, ersetzt die Datei die Werte 68 und CLS in der Escapesequenz:

ECHO Esc[0;68;"CLS"p

Für das Zuordnen mehrerer Parameter ist die zuvor gezeigte Variante von DEFKEY allerdings ungeeignet. Hier ist eine Modifikation des Programms, die mit maximal acht voneinander getrennten Parametern zurechtkommt und beispielsweise mit

C:\> `DEFKEY 68 DIR *.* /P`

aufgerufen werden kann:

```
IF "%1"=="" GOTO DONE
IF "%2"=="" GOTO DONE
```

8 Optimierung: ANSI.SYS und DEBUG

```
ECHO Esc[0;%1;"%2 %3 %4 %5 %6 %7 %8 %9"p
:DONE
```

Sie können Zeit und Tastenanschläge sparen, wenn Sie gebräuchliche Befehle den Funktionstasten zuordnen. Beachten Sie jedoch, daß bei Verwendung von DOSKEY die Tasten [F1] bis [F10] bereits vergeben sind.

Hinweis Nachdem Sie die Datei DEFKEY.BAT erstellt haben, können Sie sie aus AUTOEXEC.BAT mit den Befehlen COMMAND /C oder CALL aufrufen. Wenn Sie so vorgehen, werden Ihre Tastaturdefinitionen bei jedem Systemstart aktiviert.

Die folgende Tabelle gibt die Scancodes aller Spezialtasten wieder. Bitte beachten Sie, daß der erste Parameter der entsprechenden Escapesequenz grundsätzlich den Wert 0 hat; darauf folgt ein Semikolon und der angegebene Code. (Bei »normalen« Tasten wie [A] usw. entfällt diese erste Null und das folgende Semikolon).

Tabelle 12
Scancodes der
Spezialtasten

Scancodes	Definitionen
15	Shift-Tab
16-25	Alt- q, w, e, r, t, y, u, i, o, p
30-38	Alt- a, s, d, f g, h, j, k, l
44-50	Alt- z, x, c, v, b, n, m
59-68	F1-F10
71	POS 1
72	Nach-Oben-Taste
73	Bild-Nach-Oben-Taste
75	Nach-Links-Taste
77	Nach-Rechts-Taste
79	Ende-Taste
80	Nach-Unten-Taste
81	Bild-Nach-Unten-Taste
82	EINFG-Taste
83	ENTF-Taste
84-93	Umschalt+F1 bis Umschalt+F10
94-103	Strg+F1 bis Strg+F10
104-113	ALT+F1 bis Alt+F10

8 Optimierung: ANSI.SYS und DEBUG

Programmieren mit DEBUG

Alle MS-DOS-Befehle wurden von Programmierern geschrieben, die C oder Pascal als Programmiersprache verwenden. Nur ein sehr kleiner Prozentsatz der 60 Millionen Anwender von MS-DOS sind Programmierer. Um absolute Kontrolle über Ihre Batch-Dateien zu erhalten, sollten Sie ein paar einfache Programme entwickeln können - auch wenn Sie kein Programmierer sind. Der Befehl DEBUG bietet dem Anwender alle Möglichkeiten, einfache Programme zur Unterstützung von Batch-Dateien zu schreiben.

Eigentlich ist DEBUG ein Hilfsprogramm zur Fehlersuche und als solches ausschließlich für Programmierer gedacht. (Der Name leitet sich aus der Tatsache ab, daß Programmierfehler im Englischen als *Bugs* (»Motten«) bezeichnet werden: Bei einer direkten Übersetzung ins Deutsche käme deshalb so etwas ähnliches wie»Motten-Ex« heraus). Wie die folgenden Abschnitte zeigen, läßt sich DEBUG allerdings nicht nur zur Fehlersuche in existierenden (umfangreichen) Anwendungen, sondern auch zur Eingabe kleinerer Programme benutzen.

Einfach ist die Sache übrigens nicht gerade, weil DEBUG in sämtlichen Fällen direkt mit der Maschinensprache des Prozessors arbeitet - und die sieht für alle außerhalb des kleinen Kreises der Programmierer mehr nach schwarzer Magie (ersatzweise: Kisuaheli) als nach einer verständlichen Sprache aus. Aus diesem Grund wird in den folgenden Beispielen jeder einzelne Schritt genauestens erklärt - und wenn Sie sich an diese Erklärungen halten, kann eigentlich nicht allzuviel schiefgehen.

Wie ein Listing des DOS-Verzeichnisses zeigt, ist DEBUG ein externer Befehl, der auf der Festplatte gespeichert ist:

```
C:\> DIR DEBUG.EXE
Datenträger in Laufwerk C ist MS-DOS 5
Datenträgernummer: 3A2F-18E9
Verzeichnis von C:\SOA

DEBUG    EXE    20506  13.12.90   4:09
       1 Datei(en)    20506 Byte
                   21166080 Byte frei
```

Hinweis In den Versionen vor MS-DOS 5 ist DEBUG in Form einer COM-Datei gespeichert. Praktische Konsequenzen hat dieser Unterschied nicht.

8 Optimierung: ANSI.SYS und DEBUG

Beim Aufruf von DEBUG müssen Sie den Namen des zu untersuchenden bzw. zu erstellenden Programms als Parameter angeben:

C:\> `DEBUG DATEINAME.EXT`

Fangen wir mit einem Programm namens SCRPRINT.COM an, das den Inhalt des Bildschirms auf den Drucker ausgibt und sich recht gut verwenden läßt, um Menüs und/oder wichtige Daten schwarz auf weiß festzuhalten. Starten Sie also DEBUG zusammen mit der Angabe des Dateinamens SCRPRINT.COM:

C:\> `DEBUG SCRPRINT.COM`

DEBUG reagiert mit:

```
C:\>DEBUG SCRPRINT.COM
Datei nicht gefunden

-
```

Die Meldung *Datei nicht gefunden* teilt lediglich mit, daß DEBUG keine Datei des angegebenen Namens im aktuellen Verzeichnis gefunden hat. (Andernfalls hätte DEBUG diese Datei nun in den Hauptspeicher geladen).

Der Bindestrich (»-«) ist die Eingabeaufforderung des Programms.

Tippen Sie den Befehl *A 100* und drücken Sie die Taste ⏎ :

```
C:\>DEBUG SCRPRINT.COM
Datei nicht gefunden

- A 100
1AFF:0100
```

Der Befehl »A« (»Assemble«) aktiviert den Eingabemodus für Programme; der Parameter 100 teilt DEBUG mit, daß im weiteren eingegebene Daten ab der (hexadezimalen) Adresse 0100 im Hauptspeicher abgelegt werden sollen. Der Grund für diesen »Offset«: Bei Dateien des Typs COM beginnt MS-DOS die Ausführung grundsätzlich mit der Adresse 0100 - weshalb man diesen Befehl in DEBUG zu Beginn *jedes* Programms eingeben muß. (Bei Dateien des Typs EXE liegen die Verhältnisse dagegen etwas anders.)

Die aktuelle »Zeilennummer« eines Programms besteht offensichtlich aus zwei Teilen: Rechts neben dem Doppelpunkt steht als Reaktion auf den Befehl »A 100« der Wert 0100; die links neben dem Doppelpunkt stehende Adresse stimmt auf Ihrem Computer aller Wahrscheinlichkeit nach *nicht* mit den Angaben in diesem Buch überein -

Optimierung: ANSI.SYS und DEBUG 8

sie hängt davon ab, ab welcher »absoluten« Adresse DEBUG in den Hauptspeicher geladen wurde. Je nachdem, welche Version von MS-DOS sie verwenden, wie Sie Ihr System konfiguriert und welche Zusatzprogramme Sie geladen haben, ist dieser Wert höher oder niedriger. Kümmern Sie sich nicht darum.

Tippen Sie den Befehl *INT 5* und drücken Sie die Taste ⏎:

```
C:\>DEBUG SCRPRINT.COM
Datei nicht gefunden

-A 100
1AFF:0100  INT 5
1AFF:0102
```

Damit wird das System aufgefordert, den Inhalt des Bildschirms auf den Drucker auszugeben. (Das sieht nicht nur verblüffend einfach aus, sondern ist es auch).

Als nächstes geben Sie zwei weitere Anweisungen ein, die MS-DOS das Ende unseres Programms mitteilen. Als erstes tippen Sie *MOV AH, 4C* und drücken die Taste ⏎. Als zweites tippen Sie *INT 21* und drücken die Taste ⏎. Damit ist Ihr Programm vollständig.

Ein weiterer Druck auf ⏎ beendet den Eingabemodus und läßt wieder die Eingabeaufforderung von DEBUG erscheinen. Der Bildschirm sollte nun in etwa so aussehen:

```
C:\>DEBUG SCRPRINT.COM
Datei nicht gefunden

-A 100
1AFF:0100 INT 5
1AFF:0102 MOV AH, 4C
1AFF:0104 INT 21
1AFF:0106
-
```

Was uns nun noch fehlt, ist die Speicherung dieser Befehle als Datei. Zuerst müssen wir DEBUG mitteilen, wieviele Bytes gespeichert werden sollen, was mit dem Befehl *R CX* (plus ⏎) geschieht:

```
- R CX
CX 0000
:
```

8 Optimierung: ANSI.SYS und DEBUG

Welcher Wert hier nun eingegeben werden muß, ergibt sich aus der von DEBUG in der letzten »Zeile« des Programms angegebenen Adresse:

```
C:\>DEBUG SCRPRINT.COM
Datei nicht gefunden

-A100
1AFF:0100 INT 5
1AFF:0102 MOV AH, 4C
1AFF:0104 INT 21
1AFF:0106  ——————————  letzte Programmzeile
-R CX
CX 0000
:
```

In unserem Fall endet das Programm mit der Adresse 0106; da es mit 0100 anfängt, hat es also insgesamt 6 Bytes Umfang. Konsequent geben Sie den Wert 6 an und beenden diese Eingabe mit ⏎:

```
C:\>DEBUG SCRPRINT.COM
Datei nicht gefunden

-A 100
1AFF:0100 INT 5
1AFF:0102 MOV AH, 4C
1AFF:0104 INT 21
1AFF:0106
-R CX
CX 0000
: 6
-
```

Um diese 6 Bytes nun als Datei SCRPRINT.COM auf der Festplatte zu speichern, geben Sie den Befehl »W« (»Write«). DEBUG reagiert mit:

```
C:\>DEBUG SCRPRINT.COM
Datei nicht gefunden

-A 100
1AFF:0100 INT 5
1AFF:0102 MOV AH, 4C
1AFF:0104 INT 21
1AFF:0106
-R CX
CX 0000
:6
```

Optimierung:
ANSI.SYS und DEBUG 8

```
-W
Writing 0006 Byte
```

Der Befehl »Q« (»Quit«) beendet DEBUG und bringt Sie zur Eingabeaufforderung von DOS zurück.

```
C:\>DEBUG SCRPRINT.COM
Datei nicht gefunden

-A 100
1AFF:0100 INT 5
1AFF:0102 MOV AH, 4C
1AFF:0104 INT 21
1AFF:0106
-R CX
CX 0000
:6
-W
Writing 0006 Byte

-Q

C:>
```

Mit einem Listing des aktuellen Verzeichnisses sollte sich nun überprüfen lassen, ob die Sache geklappt hat:

```
C:\> DIR SCRPRINT.COM
Datenträger in Laufwerk C ist MS-DOS 5
Datenträgernummer: 3A2F-18E9
Verzeichnis von  C:\BATCH

SCRPRINT COM       6  11.05.91  12:11
       1 Datei(en)      6 Byte
                 21155840 Byte frei
```

Wie zu sehen, umfaßt die Datei tatsächlich nur 6 Bytes. SCRPRINT.COM wird in Batch-Dateien exakt in derselben Weise wie ein DOS-Befehl aufgerufen - etwa mit:

```
PAUSE Drucker bereitmachen
SCRPRINT
```

Tatsächlich ist die Anwendung so einfach, daß wir uns gleich dem nächsten Programm zuwenden können. Es hört auf den Namen REBOOT.COM und führt einen Warmstart des Systems durch:

```
C:\> DEBUG REBOOT.COM
Datei nicht gefunden

- A100
```

135

8 Optimierung: ANSI.SYS und DEBUG

```
584B:0100  MOV AX, 40
584B:0103  MOV DS, AX
584B:0105  MOV AX, 1234
584B:0108  MOV [72], AX
584B:010B  JMP FFFF:0
584B:0110
-R CX
CX 0000
:10
-W
Writing 0010 Byte
-Q

C:>
```

REBOOT.COM verwendet die Routine, die Ihr Computer auch beim Einschalten, einem Druck auf den RESET-Knopf (soweit vorhanden) und der Eingabe von [Strg]+[Alt]+[Del] benutzt. Diese Routine unterscheidet über die Speicherzellen ab 0472H zwischen einem »Kaltstart« (RESET bzw. dem Einschalten des Systems) und einem Warmstart: Bei einem Kaltstart wird die Routine direkt ausgeführt (und die Speicherzellen ab 0472H haben irgendeinen x-beliebigen Wert), der Tastenbefehl [Strg]+[Alt]+[Del] setzt dort dagegen erst den Wert 1234 ein und führt dann dieselbe Routine aus, die in diesem Fall einen Teil der üblichen Prozedur (Speichertest usw.) überspringt.

Sehen wir uns dasselbe Programm noch einmal in Form eines kommentierten Listings an:

```
C:\>DEBUG REBOOT.COM
Datei nicht gefunden

-A 100
584B:0100  MOV AX, 40      ; Segment-Adresse von 0472H
584B:0103  MOV DS, AX      ; ins DS-Register speichern
584B:0105  MOV AX, 1234    ; 1234 (= Warmstart) ab
584B:0108  MOV [72], AX    ; DS:72 (= 0400+72 = 0472)
584B:010B  JMP FFF:0       ; Sprung zur Startroutine
584B:0110
-R CX
CX 0000
:10
-W
Writing 0010 Byte
-Q
C:>
```

Optimierung: ANSI.SYS und DEBUG 8

Wozu man ein solches Programm gebrauchen kann? Beispielsweise als Teil einer Batch-Datei, über die sich die Konfiguration des Systems ändern läßt - wie etwa bei der Einrichtung einer RAM-Disk. Letzteres geschieht über einen Gerätetreiber namens RAMDRIVE.SYS (oder VDISK.SYS), der seinerseits über die Datei CONFIG.SYS geladen werden muß - und wie in einem der vorangegangenen Kapitel erläutert, wird CONFIG.SYS nur beim Neustart des Systems ausgewertet. (Was es mit einer RAM-Disk auf sich hat? Sie erscheint dem System und dem Anwender nur von der Logik her wie eine normale Festplatte. Tatsächlich handelt es sich dabei um einen reservierten Bereich des Hauptspeichers, der zur Speicherung von Dateien genutzt wird. Zugriffe auf diesen Speicherbereich erfolgen naturgemäß erheblich schneller als Operationen mit einem mechanischen Gerät wie einer Festplatte. Der Nachteil der Geschichte: Beim Ausschalten des Systems geht der gesamte Inhalt einer RAM-Disk verloren - weshalb man sie nur zur temporären Speicherung von Daten benutzen kann).

Nehmen wir an, daß Ihre Version von MS-DOS mit dem Treiber RAMDRIVE.SYS arbeitet. Um diesen Treiber in das System einzubinden, wird der folgende Eintrag in der Datei CONFIG.SYS benötigt:

```
DEVICE=RAMDRIVE.SYS
```

Er erstellt ein virtuelles Laufwerk mit 64 KByte Speicherkapazität. Diese Standardvorgabe läßt sich durch die explizite Angabe eines Wertes hinter dem Befehl (fast) beliebig verändern. Der Befehl:

```
DEVICE=RAMDRIVE.SYS 256
```

legt beispielsweise eine RAM-Disk mit 256 KByte Kapazität an.

Hinweis

Wie zuvor erläutert, müssen Sie Ihr System neu starten, damit ein via DEVICE= in CONFIG.SYS verzeichneter Treiber auch geladen wird.

Zaubern kann RAMDRIVE.SYS leider nicht - weshalb eine RAM-Disk mit x KByte Kapazität den für Programme nutzbaren Hauptspeicher um exakt denselben Betrag verkleinert. Was auch bedeutet, daß man RAM-Disks meistens entfernen muß, wenn man eine größere (und speicherhungrige) Anwendung starten will.

Normalerweise ist der Prozeß zum Wechsel zwischen einem System mit und ohne RAM-Disk recht aufwendiger Natur: Er besteht aus dem Laden eines Editors, der Modifikation von CONFIG.SYS (d.h. dem Eintragen bzw. Entfernen des Befehls DE

8 Optimierung:
ANSI.SYS und DEBUG

VICE=RAMDRIVE.SYS) und einem anschließenden Neustart des Systems. Einfacher geht es mit einer Batch-Datei, die diese Schritte automatisiert. Ein solches Programm könnte man beispielsweise zur Installation einer RAM-Disk folgendermaßen aufrufen:

```
C:\> RAMDRIVE INSTALL 128
```

In diesem Fall installiert die Datei ein virtuelles Laufwerk mit 128 KByte Speicherkapazität. Um das Laufwerk später zu löschen, wird dasselbe Programm mit dem Parameter UNLOAD aufgerufen:

```
C:\> RAMDRIVE UNLOAD
```

Das Listing von RAMDRIVE.BAT sieht so aus:

```
ECHO OFF
IF "%1"=="INSTALL" GOTO INSTALL_DISK
IF "%1"=="UNLOAD" GOTO UNLOAD_DISK
GOTO DONE
:INSTALL_DISK
REM Installation einer RAM-Disk durch
REM Einfügen des Eintrags
REM DEVICE=RAMDRIVE in CONFIG.SYS
REM Der Parameter %2 legt die Größe
REM des Laufwerks fest.
REM Nach Veränderung von CONFIG.SYS
REM Neustart des Systems via REBOOT.
REM
IF NOT EXIST \CONFIG.SYS GOTO ADD_ENTRY
REM
REM Alle Zeilen in CONFIG.SYS, die
REM RAMDRIVE enthalten, löschen.
REM
TYPE \CONFIG.SYS|FIND/V "RAMDRIVE"> \CONFIG.NEW
DEL \CONFIG.SYS
REM
REM Befehl DEVICE=RAMDRIVE an
REM CONFIG.SYS anhängen.
REM
:ADD_ENTRY
ECHO DEVICE=RAMDRIVE.SYS %2 >> \CONFIG.NEW
REN \CONFIG.NEW CONFIG.SYS
REBOOT
GOTO DONE
:UNLOAD_DISK
REM Entfernen der RAM-Disk durch Löschen
REM des Eintrags DEVICE=RAMDRIVE
REM und Neustart des Systems via REBOOT
IF NOT EXIST \CONFIG.SYS GOTO DONE
```

Optimierung:
ANSI.SYS und DEBUG 8

```
REM Alle Zeilen in CONFIG.SYS, die
REM RAMDRIVE enthalten, löschen.
REM
TYPE \CONFIG.SYS|FIND/V "RAMDRIVE" > \CONFIG.NEW
DEL \CONFIG.SYS
REN \CONFIG.NEW CONFIG.SYS
REBOOT
:DONE
```

Hinweis

Diese Version von RAMDRIVE.BAT geht davon aus, daß sich der Treiber RAMDRIVE.SYS im selben Verzeichnis wie die Datei CONFIG.SYS befindet. Sollte das nicht der Fall sein, müssen Sie den auf die Marke :ADD_ENTRY folgenden ECHO-Befehl um einen Suchweg und/oder einen Laufwerksbezeichner ergänzen - etwa in der Form:

```
:ADD_ENTRY
ECHO DEVICE=C:\DOS\RAMDRIVE.SYS %2 >> \CONFIG.NEW
```

Der Befehl GOTO DONE nach dem Aufruf von REBOOT erscheint auf den ersten Blick höchst überflüssig - was er aber nicht ist: Wenn das Programm REBOOT.COM existiert und das System neu startet, wird er natürlich nicht mehr ausgeführt - existiert REBOOT.COM dagegen nicht (oder läßt sich dieses Programm nicht lokalisieren), dann sorgt er für einen ordentlichen Abschluß der Batch-Datei.

Das im folgenden vorgestellte Programm GETYORN (»Get Yes or No«) bäckt etwas kleinere Brötchen: Es wartet, bis der Anwender entweder ⒥ oder Ⓝ eintippt, setzt einen entsprechenden Statuscode und ermöglicht so die Auswertung von Eingaben über eine Batch-Datei. Der Aufruf geschieht in der folgenden Form:

```
GETYORN
IF ERRORLEVEL 78 GOTO NO
IF ERRORLEVEL 74 GOTO YES
```

Der Wert 78 entspricht dem ASCII-Code von »N«, der Wert 74 dem ASCII-Code des Zeichens »J«. Bitte beachten Sie, daß der höhere der beiden Werte (78) zuerst geprüft werden muß.

Wie in Kapitel 5 erläutert, führt die Prüfung IF ERRORLEVEL den nachfolgenden DOS-Befehl (in unserem Beispiel: GOTO) aus, wenn der Statuscode gleich oder größer dem angegebenen Wert ist. Der Befehl IF ERRORLEVEL 78 deckt also sämtliche ASCII-Codes >= 78 ab und muß *vor* einem Vergleich mit dem ASCII-Code 74 (exakt: >= 74) ausgeführt werden.

Hinweis

Das folgende Listing zeigt die Eingabe von GETYORN.COM:

8 Optimierung: ANSI.SYS und DEBUG

```
C:\> DEBUG GETYORN.COM
Datei nicht gefunden

- A 100
5B10:0100  MOV AH, 08
5B10:0102  INT 21
5B10:0104  CMP AL, 4A
5B10:0106  JZ 010E
5B10:0108  CMP AL, 4E
5B10:010A  JZ 010E
5B10:010C  JMP 0100
5B10:010E  MOV AH, 4C
5B10:0110  INT 21
5B10:0112
- R CX
CX 0000
: 12
- W
Writing 0012 Byte
- Q

C:>
```

Offensichtlich ist dieses Programm etwas komplizierter als seine beiden Vorgänger. (Solange Sie sich exakt an die gezeigte Reihenfolge der Eingaben halten, sollten sich aber dennoch keine Probleme ergeben).

Das folgende Listing gibt Auskunft über den Sinn und Zweck der einzelnen Befehle. Es ist lediglich für LeserInnen gedacht, die sich für die Details des Programms interessieren:

```
5B10:0100 MOV AH, 08   ; Funktion: Tastaturabfrage
5B10:0102 INT 21       ; Ausführung der Abfrage
5B10:0104 CMP AL, 4A   ; Taste J gedrückt?
5B10:0106 JZ 010E      ; Ja, Ende
5B10:0108 CMP AL, 4E   ; Taste N gedrückt?
5B10:010A JZ 010E      ; Ja, Ende
5B10:010C JMP 0100     ; weder J noch N: Wiederholung
5B10:010E MOV AH, 4C   ; Funktion: Programmende
5B10:0110 INT 21       ; Ausführung (AL=Status)
```

GETYORN.COM läßt sich für jede Art von Rückfragen an den Anwender einsetzen - beispielsweise vor dem Löschen von Dateien. Das folgende Programm DELETEYN.BAT demonstriert eine Möglichkeit: Beim Aufruf mit einem Parameter wie

```
C:\> DELETEYN *.BAK
```

Optimierung: ANSI.SYS und DEBUG 8

wird das aktuelle Verzeichnis nach Dateien entsprechenden Namens abgesucht. DELETEYN erzeugt erst einmal eine temporäre Batch-Datei namens ERASEIT.BAT, die aus zwei Befehlen besteht: Einer Rückfrage und einem Löschbefehl, der abhängig von der Antwort des Benutzers durchgeführt bzw. übersprungen wird. ERASEIT.BAT wird für jede gefundene Datei einmal aufgerufen und nach dem Bearbeiten aller Dateien wieder gelöscht.

```
ECHO OFF
REM Temporäre Datei ERASEIT.BAT
REM via ECHO und MS-DOS Umleitung
REM erstellen, die eine Rückfrage
REM und einen DEL-Befehl enthält.
ECHO ECHO Datei %%1 löschen? > ERASEIT.BAT
ECHO GETYORN >> ERASEIT.BAT
ECHO IF NOT ERRORLEVEL 74 DEL %%1 >> ERASEIT.BAT

REM ERASEIT.BAT wird in der folgenden
REM FOR-Schleife für jede Datei aufgerufen

FOR %%I IN (%1) DO CALL ERASEIT %%I

REM Löschen von ERASEIT.BAT
DEL ERASEIT.BAT
```

Dieses Programm ist nicht nur eine praktische Demonstration von GETYORN, sondern enthält auch eine Reihe von Tricks. Der erste besteht aus dem Erzeugen einer Batch-Datei (ERASEIT.BAT) durch eine andere (DELETEYN.BAT), was mit folgenden Befehlen geschieht:

```
ECHO ECHO Datei %%1 löschen? > ERASEIT.BAT
ECHO GETYORN >> ERASEIT.BAT
ECHO IF ERRORLEVEL 89 DEL %%1 >> ERASEIT.BAT
```

Der erste dieser drei Befehle verwendet den Umleitungs-Operator von MS-DOS, legt darüber die Datei ERASEIT.BAT an und schreibt den Befehl:

```
ECHO Datei %1 löschen?
```

Die beiden folgenden Befehle hängen zusätzlichen Text an die neue Datei an (und verwenden dazu den Operator »>>« von MS-DOS).

Sehen Sie sich den ersten Befehl noch einmal genauer an: Er enthält nicht ein, sondern zwei Prozentzeichen für die Variable %1. Der Grund: In einen Befehl wie *ECHO Datei %1 löschen?* würde MS-DOS *während dem Anlegen von ERASEIT.BAT* den aktuellen Wert des er-

141

8 Optimierung:
ANSI.SYS und DEBUG

sten Parameters einsetzen (für unser Aufrufbeispiel: *.BAT) - was wir aber wollen, ist ein ECHO-Befehl, der *seinerseits* einen Parameter ausgibt (und dazu die Variable %1 verwendet). Wie in einem der vorangehenden Kapitel beschrieben, interpretiert MS-DOS die Zeichenfolge »%%« als einzelnes Prozentzeichen (im Gegensatz zur Einleitung eines Variablennamens): Der Befehl

```
ECHO ECHO Datei %%1 löschen? > ERASEIT.BAT
```

erzeugt also den Befehl

```
ECHO Datei %1 löschen?
```

in der Datei ERASEIT.BAT, der seinerseits beim Aufruf dieser Datei den ersten Parameter ausgibt.

Abgesehen vom Anlegen der Datei ERASEIT.BAT besteht DELETEYN.BAT hauptsächlich aus einer FOR-Schleife, die ERASEIT.BAT für jede gefundene Datei einmal aufruft. Das Ergebnis dieses Aufrufs ist eine Rückfrage via GETYORN und (abhängig von der Antwort des Benutzers) das Löschen bzw. Übergehen der jeweiligen Datei.

Wenn Sie DELETEYN.BAT mit

```
C:\> DELETEYN *.*
```

aufrufen, bearbeitet das Programm folglich jede Datei im aktuellen Verzeichnis.

Wie das folgende Programm zeigt, sind Abfragen der Tastatur natürlich nicht auf »Ja« und »Nein« beschränkt. F1TOF10.COM wartet, bis der Benutzer eine der Funktionstasten von [F1] bis [F10] drückt, und liefert den entsprechenden Scancode (59 bis 68) als Status zurück:

```
C:\> DEBUG F1TOF10.COM
Datei nicht gefunden

- A 100
5B10:0100  MOV AH, 08
5B10:0102  INT 21
5B10:0104  CMP AL, 0
5B10:0106  JNZ 0100
5B10:0108  MOV AH, 08
5B10:010A  INT 21
5B10:010C  CMP AL, 3B
5B10:010E  JL 0100
5B10:0110  CMP AL, 44
5B10:0112  JG 0100
```

Optimierung: ANSI.SYS und DEBUG 8

```
5B10:0114 MOV AH, 4C
5B10:0116 INT 21
5B10:0118
-R CX
CX 0000
: 18
-W
Writing 0018 Byte
-Q

C:>
```

Auch hier wieder die Details in Form eines kommentierten Listings:

```
5B10:0100 MOV AH, 08   ; Funktion: Tastaturabfrage
5B10:0102 INT 21       ; Ausführung
5B10:0104 CMP AL, 0    ; Code 0? Wenn ja: Funktionstaste
5B10:0106 JNZ 0100     ; Wenn nein: neue Abfrage
5B10:0108 MOV AH, 08   ; Ist Funktionstaste: Scancode
5B10:010A INT 21       ; abfragen
5B10:010C CMP AL, 3B   ; Scancode <= 3BH (F1)?
5B10:010E JL 0100      ; ja, neue Abfrage
5B10:0110 CMP AL, 44   ; Scancode > 44H (F10)?
5B10:0112 JG 0100      ; ja, neue Abfrage
5B10:0114 MOV AH, 4C   ; Funktion: Programmende
5B10:0116 INT 21       ; Ausführung (AL=Statuscode)
```

Mit F1TOF10.COM lassen sich Menüs aufbauen, bei denen der Benutzer über die Funktionstasten einen Punkt auswählt - beispielsweise:

F1 - Anzeige DIR Verzeichnisliste
F2 - Anzeige MS-DOS Version
F3 - Anzeige Datenträgernummer
F4 - Ende

Das folgende Programm hört auf den Namen DOSMENU.BAT und setzt diese Idee in die Praxis um:

```
ECHO OFF
CLS
:LOOP
ECHO F1 - DIR Verzeichnis anzeigen
ECHO F2 - Anzeige MS-DOS Version
ECHO F3 - Anzeige Datenträgernummer
ECHO F4 - Ende Beenden
REM Antwort des Anwenders
:GET_KEY
F1TOF10
```

143

8 Optimierung: ANSI.SYS und DEBUG

```
IF ERRORLEVEL 63 GOTO GET_KEY
IF ERRORLEVEL 62 GOTO DONE
IF ERRORLEVEL 61 IF NOT ERRORLEVEL 62 VOL
IF ERRORLEVEL 60 IF NOT ERRORLEVEL 61 VER
IF ERRORLEVEL 59 IF NOT ERRORLEVEL 60 DIR
GOTO LOOP
:DONE
```

Die ersten Befehle DOSMENU.BAT geben das Menü aus, darauf folgt eine Abfrage der Tastatur via F1TOF10.COM. Wenn der Benutzer eine »höhere« Funktionstaste als [F4] drückt, wird diese Abfrage wiederholt, ohne daß das Programm eine sichtbare Reaktion zeigt:

```
:GET_KEY
F1TOF10
IF ERRORLEVEL 63 GOTO GET_KEY    <-> F4? -> Neue Abfrage
```

Für die Funktionstasten [F1] bis [F4] folgt danach eine Prüfung über ERRORLEVEL, die hier doppelt ausgefallen ist (und deshalb nicht unbedingt in absteigender Reihenfolge stattfinden muß): Eine Bedingung wie

```
IF ERRORLEVEL 61 IF NOT ERRORLEVEL 62 ...
```

steht umgangssprachlich ausgedrückt für: »Wenn der Statuscode größer oder gleich 61 ist *und* der Statuscode kleiner als 62 ist, dann...«

Mit [F4] wird DOSMENU.BAT beendet.

Ein weiteres Beispiel. Das Programm GETARROW.COM wartet auf die Betätigung der Tasten [↑], [↓], [←] oder [→] und liefert den entsprechenden Scancode zurück:

```
C:\> DEBUG GETARROW.COM
Datei nicht gefunden

-A 100
5B10:0100 MOV AH, 8
5B10:0102 INT 21
5B10:0104 CMP AL, D
5B10:0106 JZ 11A
5B10:0108 CMP AL; 0
5B10:010A JNZ 100
5B10:010C MOV AH, 8
5B10:010E INT 21
5B10:0110 CMP AL, 48
5B10:0112 JZ 11A
5B10:0114 CMP AL, 50
```

Optimierung: ANSI.SYS und DEBUG 8

```
5B10:0116  JZ 11A
5B10:0118  JMP 100
5B10:011A  MOV AH, 4C
5B10:011C  INT 21
5B10:011E
- R CX
CX 0000
: 1E
- W
Writing 001E Byte
- Q
C:>
```

Damit läßt sich ein Programm ARROW.BAT aufbauen, das von der Optik und der Benutzerfreundlichkeit erheblich anspruchsvoller als ein simples Menü ausfällt. ARROW.BAT gibt in einem ersten Schritt die zur Verfügung stehenden Wahlmöglichkeiten aus:

```
Verz. anzeigen
MS-DOS Version
Datenträgernr.
Ende
```

Der Witz an diesem Programm liegt darin, daß der jeweils aktuelle Wahlpunkt über entsprechende Escapesequenzen des Treibers ANSI.SYS farblich hervorgehoben wird. Ein Druck auf ⏎ führt die entsprechende Funktion aus. Das Listing:

```
ECHO OFF
SET WAHL=DIR
:LOOP
CLS
IF %WAHL%==DIR ECHO Esc[1m Verz. anzeigen
IF NOT %WAHL%==DIR ECHO Esc[0mVerz. anzeigen
IF %WAHL%==VER ECHO Esc[1mMS-DOS Version
IF NOT %WAHL%==VER ECHO Esc[0mMS-DOS Version
IF %WAHL%==VOL ECHO Esc[1mDatenträgernr.
IF NOT %WAHL%==VOL ECHO Esc[0mDatenträgernr.
IF %WAHL%==ENDE ECHO Esc[1mEnde
IF NOT %WAHL%==ENDE ECHO Esc[0mEnde
GETARROW
IF ERRORLEVEL 80 GOTO DOWN_ARROW
IF ERRORLEVEL 72 GOTO UP_ARROW
IF %WAHL%==DIR DIR
IF %WAHL%==VER VER
IF %WAHL%==VOL VOL
IF %WAHL%==ENDE GOTO DONE
PAUSE
```

145

8 Optimierung: ANSI.SYS und DEBUG

```
GOTO LOOP

:UP_ARROW
IF NOT %WAHL%==DIR GOTO UP_VER
SET WAHL=ENDE
GOTO LOOP
:UP_VER
IF NOT %WAHL%==VER GOTO UP_VOL
SET WAHL=DIR
GOTO LOOP
:UP_VOL
IF NOT %WAHL%==VOL GOTO UP_ENDE
SET WAHL=VER
GOTO LOOP
:UP_ENDE
SET WAHL=VOL
GOTO LOOP

:DOWN_ARROW
IF NOT %WAHL%==DIR GOTO DOWN_VER
SET WAHL=VER
GOTO LOOP
:DOWN_VER
IF NOT %WAHL%==VER GOTO DOWN_VOL
SET WAHL=VOL
GOTO LOOP
:DOWN_VOL
IF NOT %WAHL%==VOL GOTO DOWN_ENDE
SET WAHL=ENDE
GOTO LOOP
:DOWN_ENDE
SET WAHL=DIR
GOTO LOOP

:DONE
ECHO Esc[0m
SET WAHL=
```

Eigentlich sind Menüs dieser Art auf Programme beschränkt, die mit einer echten Programmiersprache wie Pascal oder C erzeugt wurden. Wie ARROW.BAT beweist, geht es aber auch ohne die damit zwangsläufig verbundenen Komplikationen. Das Programm baut auf einer Umgebungsvariablen namens WAHL auf, die zu Beginn mit dem Wert DIR gesetzt wird. Jeder Durchlauf der über die Marke LOOP aufgebauten Schleife gibt nacheinander die einzelnen Wahlpunkte des Menüs aus, wobei der »aktuelle« Wahlpunkt hervorgehoben

Optimierung: ANSI.SYS und DEBUG 8

dargestellt wird; die restlichen Wahlpunkte erscheinen in normaler Schrift. Danach wartet ARROW.BAT über das Programm ARROW.COM auf eine Eingabe des Benutzers: Pfeiltasten verändern die Variable WAHL (und legen darüber fest, welcher Wahlpunkt beim nächsten Durchlauf hervorgehoben dargestellt wird), ein Druck auf ⏎ führt den »aktuellen« Wahlpunkt aus.

Bei der Auswahl von »Ende« setzt ARROW.BAT schließlich die Bildschirmfarben auf die Standardwerte zurück und löscht die Variable WAHL über einen entsprechenden SET-Befehl.

Der erweiterte ASCII Zeichensatz

Wie in einem der ersten Kapitel dieses Buches erwähnt, verwendet der Computer intern die Zahlen 0 bis 255 zur Speicherung von Ziffern, Buchstaben und anderen Symbolen. Werte im Bereich von 0 bis 127 repräsentieren dabei das Alphabet (ohne die deutschen Umlaute) sowie die Interpunktionszeichen. Diese Codes werden auch unter dem Begriff *ASCII-Standardzeichensatz* zusammengefaßt. Die Codes im Bereich von 128 bis 255 stellen eine Erweiterung dieses Standardzeichensatzes durch IBM dar: Sie repräsentieren die deutschen Umlaute sowie Spezialzeichen anderer Sprachen und stellen unter anderem auch die Möglichkeit zur Verfügung, Blockgrafiken mit Linien, Rastern und Ecken aufzubauen. Die Tabelle 13 (auf der nächsten Seite) gibt diese Codes zusammen mit dem dazugehörigen Zeichensatz wieder.

Mit den Blockgrafik-Zeichen lassen sich natürlich auch Menüs und andere Ausgaben eigener Programme ansprechender gestalten - etwa durch eine Umrahmung:

```
F1 - Anzeige DIR Verzeichnisliste
F2 - Anzeige MS-DOS Version
F3 - Anzeige Datenträgernummer
F4 - Ende
```

8 Optimierung: ANSI.SYS und DEBUG

Tabelle 13
Der erweiterte Zeichensatz von IBM

Code	Sym.	Code	Sym.	Code	Sym.	Code	Sym.
128	Ç	160	á	192	└	224	α
129	ü	161	í	193	┴	225	ß
130	é	162	ó	194	┬	226	Γ
131	â	163	ú	195	├	227	π
132	ä	164	ñ	196	─	228	Σ
133	à	165	Ñ	197	┼	229	σ
134	å	166	ª	198	╞	230	μ
135	ç	167	º	199	╟	231	τ
136	ê	168	¿	200	╚	232	Φ
137	ë	169	⌐	201	╔	233	θ
138	è	170	¬	202	╩	234	Ω
139	ï	171	½	203	╦	235	δ
140	î	172	¼	204	╠	236	∞
141	ì	173	¡	205	═	237	φ
142	Ä	174	«	206	╬	238	∈
143	Å	175	»	207	╧	239	∩
144	É	176	░	208	╨	240	≡
145	æ	177	▒	209	╤	241	±
146	Æ	178	▓	210	╥	242	
147	ô	179	│	211	╙	243	
148	ö	180	┤	212	╘	244	⌠
149	ò	181	╡	213	╒	245	⌡
150	û	182	╢	214	╓	246	÷
151	ù	183	╖	215	╫	247	≈
152	ÿ	184	╕	216	╪	248	°
153	Ö	185	╣	217	┘	249	•
154	Ü	186	║	218	┌	250	·
155	¢	187	╗	219	█	251	√
156	£	188	╝	220	▄	252	ⁿ
157	¥	189	╜	221	▌	253	²
158	₧	190	╛	222	▐	254	■
159	ƒ	191	┐	223	▀	255	<space>

Optimierung: ANSI.SYS und DEBUG 8

Für diesen Rahmen wurden die folgenden Zeichencodes benutzt:

⌈218   ‾196   191⌉

|179   179|

⌊192   _196_   217⌋

Ein entsprechendes Programm, das wir BOXMENU.BAT genannt haben, läßt sich im Prinzip mit jedem Editor erstellen. Da EDIT erst ab der Version 5 von MS-DOS ausgeliefert wird, Edlin dagegen in jeder DOS-Version verfügbar ist, demonstrieren wir die Eingabe mit dem letzteren dieser beiden Programme. (Falls Sie EDIT verwenden wollen: Die notwendigen Eingaben sind bis auf das abschließende [Strg]+[C] exakt dieselben).

Rufen Sie also EDLIN mit dem Namen der zukünftigen Batch-Datei auf und geben Sie die ersten drei Befehle ein: ECHO OFF, CLS und eine Marke namens LOOP:

```
C:\> EDLIN BOXMENU.BAT
Neue Datei
* I
    1:* ECHO OFF
    2:* CLS
    3:* :LOOP
    4:*
```

Als nächstes geben Sie ECHO ein, schließen diese Eingabe aber noch nicht mit [↵] ab. Halten Sie nun die Taste [Alt] gedrückt und tippen Sie [2][1][8] auf dem numerischen Ziffernblock, bevor Sie [Alt] wieder lösen.

8 Optimierung:
ANSI.SYS und DEBUG

Als Ergebnis erhalten Sie die linke obere Ecke eines Rahmens:

```
C:\>EDLIN BOXMENU.BAT
Neue Datei
*I
    1:* ECHO OFF
    2:* CLS
    3:* :LOOP
    4:* ECHO ┌
```

Die obere Linie des Rahmens besteht aus Zeichen mit dem ASCII-Code 196, die in analoger Weise eingegeben werden: Drücken Sie die Taste [Alt], halten Sie sie gedrückt und tippen Sie [1][9][6] auf dem numerischen Ziffernblock, bevor Sie [Alt] wieder lösen. Das Ergebnis sollte ein waagrechtes Linienzeichen sein, das sich direkt an das »Eckzeichen« anschließt:

```
C:\>EDLIN BOXMENU.BAT
Neue Datei
*I
    1:* ECHO OFF
    2:* CLS
    3:* :LOOP
    4:* ECHO ┌─
```

Wiederholen Sie diesen Vorgang 35mal:

```
C:\>EDLIN BOXMENU.BAT
Neue Datei
*I
    1:* ECHO OFF
    2:* CLS
    3:* :LOOP
    4:* ECHO ┌──────────────────────────────
```

Was nun noch fehlt, ist die obere rechte Ecke des Rahmens. Das dazugehörige Zeichen hat den ASCII-Code 191 und wird in derselben Weise eingegeben, d.h. mit [Alt]+[1][9][1]:

```
C:\>EDLIN BOXMENU.BAT
Neue Datei
*I
    1:* ECHO OFF
    2:* CLS
    3:* :LOOP
    4:* ECHO ┌──────────────────────────────┐
```

Optimierung:
ANSI.SYS und DEBUG 8

Vertikale Linien werden über den ASCII-Code 179 erzeugt. Verwenden Sie diesen Code, um die folgenden vier Wahlpunkte horizontal einzurahmen:

```
C:\>EDLIN BOXMENU.BAT
Neue Datei
*I
   1:* ECHO OFF
   2:* CLS
   3:* :LOOP
   4:* ECHO.  ┌─────────────────────────────────┐
   5:* ECHO  │ F1 - Verzeichnis listen         │
   6:* ECHO  │                                 │
   7:* ECHO  │ F2 - MS-DOS Version anzeigen    │
   8:* ECHO  │                                 │
   9:* ECHO  │ F3 - Datenträgername anzeigen   │
  10:* ECHO  │                                 │
  11:* ECHO  │ F4 - ENDE                       │
```

Der untere Teil des Rahmens setzt sich aus den Zeichencodes 192 (linke Ecke), 196 (waagrechter Strich) und 217 (rechte Ecke) zusammen. Er wird in derselben Weise wie die obere Begrenzungslinie eingegeben. Danach können Sie die Datei mit den Befehlen des Programms DOSMENU.BAT vervollständigen:

```
C:\>EDLIN BOXMENU.BAT
Neue Datei
*I
   1:* ECHO OFF
   2:* CLS
   3:* :LOOP
   4:* ECHO  ┌─────────────────────────────────┐
   5:* ECHO  │ F1 – Verzeichnis listen         │
   6:* ECHO  │                                 │
   7:* ECHO  │ F2 – MS–DOS Version anzeigen    │
   8:* ECHO  │                                 │
   9:* ECHO  │ F3 – Datenträgername anzeigen   │
  10:* ECHO  │                                 │
  11:* ECHO  │ F4 – ENDE                       │
  12:* ECHO  └─────────────────────────────────┘
  13:* REM Anwenderantwort
  14:* :GET_KEY
  15:* F1TOF10
  16:* IF ERRORLEVEL 63 GOTO GET_KEY
  17:* IF ERRORLEVEL 62 GOTO DONE
  18:* IF ERRORLEVEL 61 IF NOT ERRORLEVEL 62 VOL
  19:* IF ERRORLEVEL 60 IF NOT ERRORLEVEL 61 VER
  20:* IF ERRORLEVEL 59 IF NOT ERRORLEVEL 60 DIR
```

8 Optimierung: ANSI.SYS und DEBUG

```
21:*  GOTO LOOP
22:*  :DONE
23:*  ^C
```

Der erweiterte ASCII-Zeichensatz bietet viele Möglichkeiten zur Gestaltung von Menüs (wobei man natürlich wie bei allen Dingen darauf achten sollte, es nicht zu übertreiben). Durch Einfügen einiger zusätzlicher Linien ließe sich das zuvor gezeigte Menü beispielsweise noch etwas plastischer darstellen:

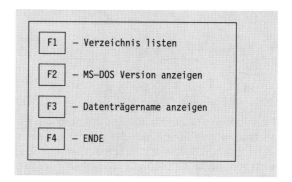

Mit dieser Besprechung sind wir zu einer Art vorläufigem Abschluß gelangt: Wenn Sie die vorangehenden rund 150 Seiten durchgearbeitet haben, verfügen Sie nun über das gesamte Wissen, das zur Programmierung von Batch-Dateien und der professionellen Gestaltung des Bildschirms benötigt wird. Experimentieren Sie damit!

Aufbau einer Programmbibliothek 9

Bis jetzt haben wir einige einfache Batch-Dateien erläutert, die Sie bei Ihrer täglichen Arbeit verwenden können. In diesem Teil werden wir vier weitere allgemein verwendbare Konzepte der Batch-Programmierung vorstellen. Die dabei verwendeten Beispieldateien sollten sich ohne größeren Aufwand an eigene Bedürfnisse anpassen lassen.

Bildschirmfarben setzen

Die Datei COLORS.BAT setzt den Treiber ANSI.SYS voraus und ermöglicht den Wechsel der Hintergrundfarbe über die Pfeiltasten. Sie arbeitet nach einem ähnlichen Prinzip wie das in Kapitel 8 vorgestellte Programm ARROW.BAT: Über die Pfeiltasten wird ein Menüpunkt ausgewählt, ein Druck auf [↵] setzt die ausgewählte Hintergrundfarbe und beendet das Programm.

```
ECHO OFF
REM Auswahl möglicher Hintergrundfarben über
REM die Pfeiltasten; Setzen der gewählten
REM Farbe mit der Eingabetaste
SET CURRENT=BLACK
:LOOP
IF %CURRENT%==BLACK ECHO Esc[40m
IF %CURRENT%==RED ECHO Esc [41m
IF %CURRENT%==GREEN ECHO Esc[42m
IF %CURRENT%==YELLOW ECHO Esc[43m
IF %CURRENT%==BLUE ECHO Esc[44m
IF %CURRENT%==MAGENTA ECHO Esc[45m
IF %CURRENT%==CYAN ECHO Esc[46m
IF %CURRENT%==WHITE ECHO Esc[47m
CLS
ECHO Auswahl der Hintergrundfarbe mit den
ECHO Pfeiltasten, Setzen der Farbe mit RETURN
GETARROW
IF ERRORLEVEL 80 GOTO DOWN_ARROW
IF ERRORLEVEL 72 GOTO UP_ARROW
```

9 Aufbau einer Programmbibliothek

```
IF ERRORLEVEL 13 GOTO DONE
:DOWN_ARROW
IF NOT %CURRENT%==BLACK GOTO DN_RED
SET CURRENT=RED
GOTO LOOP
:DN_RED
IF NOT %CURRENT%==RED GOTO DN_GREEN
SET CURRENT=GREEN
GOTO LOOP
:DN_GREEN
IF NOT %CURRENT%==GREEN GOTO DN_YELLOW
SET CURRENT=YELLOW
GOTO LOOP
:DN_YELLOW
IF NOT %CURRENT%==YELLOW GOTO DN_BLUE
SET CURRENT=BLUE
GOTO LOOP
:DN_BLUE
IF NOT %CURRENT%==BLUE GOTO DN_MAGENTA
SET CURRENT=MAGENTA
GOTO LOOP
:DN_MAGENTA
IF NOT %CURRENT%==MAGENTA GOTO DN_CYAN
SET CURRENT=CYAN
GOTO LOOP
:DN_CYAN
IF NOT %CURRENT%==CYAN GOTO DN_WHITE
SET CURRENT=WHITE
GOTO LOOP
:DN_WHITE
SET CURRENT=BLACK
GOTO LOOP

:UP_ARROW
IF NOT %CURRENT%==BLACK GOTO UP_RED
SET CURRENT=WHITE
GOTO LOOP
:UP_RED
IF NOT %CURRENT%==RED GOTO UP_GREEN
SET CURRENT=BLACK
GOTO LOOP
:UP_GREEN
IF NOT %CURRENT%==GREEN GOTO UP_YELLOW
SET CURRENT=RED
GOTO LOOP
:UP_YELLOW
IF NOT %CURRENT%==YELLOW GOTO UP_BLUE
SET CURRENT=GREEN
```

9 Aufbau einer Programmbibliothek

```
GOTO LOOP
:UP_BLUE
IF NOT %CURRENT%==BLUE GOTO UP_MAGENTA
SET CURRENT=YELLOW
GOTO LOOP
:UP_MAGENTA
IF NOT %CURRENT%==MAGENTA GOTO UP_CYAN
SET CURRENT=BLUE
GOTO LOOP
:UP_CYAN
IF NOT %CURRENT%==CYAN GOTO UP_WHITE
SET CURRENT=MAGENTA
GOTO LOOP
:UP_WHITE
SET CURRENT=CYAN
GOTO LOOP

:DONE
```

COLORS.BAT ist trotz beeindruckender Länge recht einfach ausgefallen. Das Programm verwendet eine Umgebungsvariable namens CURRENT, die mit dem Namen der momentan ausgewählten Farbe gesetzt wird. Auf die Eingabe von ⏎ reagiert COLORS.BAT mit dem Setzen der entsprechenden Hintergrundfarbe über die Ausgabe einer Escapesequenz. Die Abfrage der Tastatur geschieht wie bei ARROW.BAT über das Programm GETARROW.COM (siehe Kapitel 8).

Hinweis Wie bereits erwähnt, setzt COLORS.BAT den Gerätetreiber ANSI.SYS voraus (der über den Eintrag DEVICE=ANSI.SYS in der Datei CONFIG.SYS geladen worden sein muß).

Schutz gegen Formatierung

Auch wenn man es nicht glauben will, geschieht es immer wieder einmal, daß Festplatten das Opfer eines versehentlichen FORMAT-Befehls werden - und mit ihnen sämtliche darauf gespeicherten Daten. Natürlich könnte man sich vor einem Malheur dieser Art schützen, indem man das Programm FORMAT einfach löscht - aber wie will man dann Disketten formatieren, die trotz ständig steigender Plattenkapazitäten immer noch ein unverzichtbarer Bestandteil jedes Systems sind?

Aus diesem Grund erscheint ein Schutz durch eine Batch-Datei wesentlich sinnvoller. Er kann beispielsweise aus zwei Schritten bestehen: Dem Umbenennen des DOS-Befehls FORMAT in FMAT (oder auch XYZ) und einer Datei FORMAT.BAT. Diese Datei prüft erst ein-

9 Aufbau einer Programmbibliothek

mal, was der Anwender formatieren will - und verweigert gegebenenfalls die Mitarbeit:

```
ECHO OFF
IF "%1"=="" GOTO NO_PARAMS
REM Verhindert unbeabsichtigtes Formatieren
REM der Festplatte, d.h. reagiert nur auf
REM die Laufwerksbezeichner A: und B:
IF "%1"=="" GOTO NO_PARAMS
IF "%1"=="A:" GOTO VALID_DRIVE
IF "%1"=="a:" GOTO VALID_DRIVE
IF "%1"=="B:" GOTO VALID_DRIVE
IF "%1"=="b:" GOTO VALID_DRIVE
GOTO INVALID_DRIVE
:NO_PARAMS
ECHO Fehler: Kein Laufwerksbezeichner angegeben
GOTO DONE
:VALID_DRIVE
FMAT %1 %2 %3 %4 %5 %6 %7 %8 %9
GOTO DONE
:INVALID_DRIVE
ECHO Formatieren nur für die Laufwerke A:
ECHO und B: möglich - nicht für %1!
:DONE
```

FORMAT.BAT unterscheidet zwischen drei möglichen Situationen:

▪ Aufruf ohne Parameter: Das Ergebnis ist ein kurzer Hinweis für den Benutzer.

▪ Aufruf mit einem Laufwerksbezeichner, der nicht A: oder B: entspricht: Abbruch mit dem Hinweis, daß das Formatieren nur für diese beiden Laufwerke möglich ist.

▪ Aufruf mit dem Laufwerksbezeichner A: und B: sowie eventuell weiteren Parametern: Ausführen des (umbenannten) DOS-Befehls FMAT, wobei sämtliche Parameter direkt übergeben werden.

Hinweis FORMAT erwartet in einigen Fällen neben dem Laufwerksbezeichner zusätzliche Parameter wie /S oder /F:Größe. Aus diesem Grund bekommt das Programm von FORMAT.BAT die Variablen %2 bis %9 als Parameter übergeben.

Eingabe von Paßwörtern

Im Verlauf der vorangehenden Kapitel haben wir bereits einige Programme zur Abfrage der Tastatur erstellt, bei denen es allerdings hauptsächlich um allgemeine Verwendbarkeit ging - nämlich um eine Prüfung auf »Ja/Nein« oder die Auswertung der Funktionstasten. Paßwörter stellen sozusagen das Gegenteil einer allgemeinen Abfrage dar: In diesem Fall soll der (unbefugte) Benutzer eben *nicht* wissen, was er einzutippen hat.

Das folgende Programm hört auf den Namen GETPASS.BAT, erwartet die Eingabe eines solchen Paßwortes und vergleicht sie mit der (der Einfachheit halber fix vorgegebenen) Zeichenkette MANAGEMENT. Wenn der Vergleich positiv ausfällt, wird GETPASS.BAT mit dem Aufruf eines anderen Programms fortgesetzt, ansonsten bricht die Batch-Datei die mit einer Fehlermeldung ab.

```
ECHO OFF
IF NOT EXIST PASSWORD.SET GOTO NO_FILE
ECHO Paßwort eingeben, danach F6/RETURN
COPY CON PASSW.DAT > NUL
COPY PASSWORD.SET+PASSW.DAT PASSWORD.BAT > NUL
CALL PASSWORD
IF NOT "%PW%"=="MANAGEMENT" GOTO BAD_PASSWORD
ECHO Gültiges Paßwort - weiter zur
ECHO Ausführung von XYZ
GOTO DONE
:NO_FILE
ECHO Dieses Programm erwartet eine Datei
ECHO namens PASSWORD.SET, die den Befehl
ECHO SET PW=^Z enthält.
GOTO END
:BAD_PASSWORD
ECHO Ungültiges Paßwort
:DONE
SET PW=
DEL PASSW.DAT
DEL PASSWORD.BAT
:END
```

PASSWORD.BAT arbeitet mit einer Datei namens PASSWORD.SET, die Sie von der MS-DOS Eingabeaufforderung aus erstellen müssen. Sie geben als erstes folgenden Befehl ein:

```
C:\> COPY CON PASSWORD.SET
```

9 Aufbau einer Programmbibliothek

Dann tippen Sie *SET PW=*, drücken aber nicht die Eingabetaste, sondern sofort nach dem Gleichheitszeichen die Funktionstaste [F6] und dann erst [↵]. MS-DOS reagiert mit der folgenden Ausgabe:

```
C:\>COPY CON PASSWORD.SET
SET PW=^Z
    1 Datei(en) kopiert

C:>
```

Wenn Sie die Datei GETPASS.BAT aufrufen, werden Sie zur Eingabe eines Paßwortes aufgefordert:

```
Paßwort eingeben, danach F6/RETURN
```

Tippen Sie nun wie verlangt *MANAGEMENT*, drücken Sie [F6] und schließen Sie die Eingabe mit [↵] ab. Das Programm kopiert den eingegebenen Text mit dem Befehl

```
COPY CON PASSW.DAT > NUL
```

in die Datei PASSW.DAT, wobei die übliche Meldung von COPY (»1 Datei(en) kopiert«) zum Gerät NUL umgeleitet wird. (Worum es sich bei diesem »Gerät« handelt? Um eine Art schwarzen Lochs für Daten beliebiger Art und Menge: Der symbolische Name NUL ist ein Synonym für »nirgendwohin«).

Der darauffolgende Befehl

```
COPY PASSWORD.SET+PASSW.DAT PASSWORD.BAT > NUL
```

weist MS-DOS an, den Inhalt von PASSW.DAT an den Inhalt der Datei PASSWORD.SET anzufügen und damit die Datei PASSWORD.BAT zu erstellen. Wenn Sie vorher das Paßwort MANAGEMENT eingegeben haben, enthält die Datei PASSWORD.BAT nun die folgende Befehlszeile:

```
SET PW=MANAGEMENT
```

GETPASS.BAT ruft nun die Datei PASSWORD.BAT auf, die also eine Umgebungsvariable namens PW definiert und ihr den eingegebenen Text (»MANAGEMENT«) zuweist. Konsequent kann GETPASS.BAT diese Variable nun mit der eigenen Vorgabe vergleichen: Unterscheiden sich die beiden Zeichenketten, folgt ein Sprung zur Marke BAD_PASSWORD, ansonsten geht es mit der nächsten Zeile in GETPASS.BAT weiter. (Was man in diese beiden Zweige hineinsetzt, ist Geschmackssache: BAD_PASSWORD könnte anstelle einer einfachen

Fehlermeldung auch etwas wesentlich Irritierenderes definieren - wie beispielsweise eine Endlosschleife, die Pieptöne ausgibt.

Beachten Sie, daß GETPASS.BAT in jedem Fall vor Erreichen des Programmendes die Umgebungsvariable PW sowie die temporären Dateien PASSWORD.BAT und PASSWORD.DAT wieder löscht.

Ob man einen solchen Paßwortschutz in der Praxis einsetzen wird oder nicht, sei dahingestellt - auf jeden Fall stellt GETPASS.BAT eine gute Demonstration der Möglichkeiten dar, auch innerhalb einer Batch-Datei Eingaben des Benutzers anzufordern.

Einfaches Speichern

Die Batch-Datei FILEBU.BAT hilft beim Erstellen von Sicherungskopien. Wenn Sie diese Datei aufrufen, erhalten Sie das folgende Menü:

F1   Monatliche Sicherungskopie
F2   Tägliche/Ergänzungssicherungskopie
F3   Sicherung bestimmter Dateien
F4   Ende

Wenn Sie die Funktionstaste [F1] drücken, führt die Datei eine vollständige Sicherung der Festplatte durch (was mindestens einmal im Monat geschehen sollte, aber je nach Menge der Daten natürlich einige Zeit in Anspruch nehmen kann). Auf [F2] reagiert das Programm mit dem Sichern sämtlicher Dateien, die seit der letzten Sicherung verändert worden bzw. neu hinzugekommen sind. Da die dabei zu bewältigenden Datenmengen erfahrungsgemäß wesentlich geringer sind, schrumpft auch der Zeitaufwand entsprechend - was man sich allerdings mit einem entscheidenden Nachteil erkauft: Bei einer solchen »inkrementalen« Sicherung müssen sämtliche Disketten aufgehoben werden, die man zwischen zwei kompletten Sicherungen erstellt.

Über die Funktionstaste [F3] läßt sich eine Funktion aufrufen, die für das Sichern einzelner Dateien zuständig ist (und konsequent nach Namen und Suchwegen fragt). Um über die Funktion beispielsweise sämtliche Dateien des Verzeichnisses DOS zu sichern, geben Sie hier folgendes ein:

C:\> C:\DOS A:

Ähnlich wie bei GETPASS.BAT müssen sie diese Eingabe mit [F6] und [↵] abschließen.

9 Aufbau einer Programmbibliothek

Mit einem Druck auf F4 wird das Programm beendet.

Damit die Sache nicht allzu unübersichtlich wird, betrachten wir das Programm als eine Folge separater Module namens FILEBU.BAT, MONTHLY.BAT, DAILY.BAT und SPECIFIC.BAT. (Tatsächlich handelt es sich bei den letzten drei »Dateien« um schlichte Marken: Das gesamte Programm ist in der Datei FILEBU.BAT enthalten).

Die Datei FILEBU.BAT stellt sozusagen das Hauptmodul des Programms dar und enthält die folgenden Befehle:

```
ECHO OFF
REM Erstellt monatliche, tägliche oder
REM ausgewählte Sicherungskopien
CLS
REM Schleife wird wiederholt, bis der
REM Anwender F4 drückt.
:LOOP
ECHO F1 - Monatliche Sicherungskopie
ECHO F2 - Tägliche/Ergänzungssicherungskopie
ECHO F3 - Sicherung bestimmter Dateien
ECHO F4 - Ende
REM Antwort des Anwenders.
:GET_KEY
F1TOF10
REM Wenn Anwender eine andere Taste
REM als F1 ... F4 drückt, neue Eingabe
IF ERRORLEVEL 63 GOTO GET_KEY
IF ERRORLEVEL 62 GOTO DONE
IF ERRORLEVEL 61 IF NOT ERRORLEVEL 62 CALL SPECIFIC
IF ERRORLEVEL 60 IF NOT ERRORLEVEL 61 CALL DAILY
IF ERRORLEVEL 59 IF NOT ERRORLEVEL 60 CALL MONTHLY
GOTO LOOP
:DONE
```

Wie zu sehen, gibt diese Datei das Hauptmenü aus und benutzt dann das Programm F1TOF10.COM zur Abfrage der Tastatur. Eingaben außerhalb des Bereichs F1..F4 führen zu einer sofortigen Wiederholung der Abfrage; auf F1 reagiert FILEBU mit dem Aufruf der Datei MONTHLY.BAT, auf F2 mit dem Aufruf von DAILY.BAT; für F3 wird SPECIFIC.BAT aufgerufen, und ein Druck auf F4 hat einen Sprung zur Marke DONE zur Folge, d.h. beendet das Programm.

Die Datei MONTHLY.BAT erstellt eine vollständige monatliche Sicherungskopie. Wenn Sie diesen Menüpunkt auswählen, erhalten Sie die Meldung:

Aufbau einer Programmbibliothek 9

```
MONATLICHE SICHERUNG
Kopiert sämtliche Dateien Ihrer
Festplatte auf Disketten.
Abhängig vom Datenvolumen kann dieser
Prozeß einige Zeit beanspruchen.
Sicherung ausführen (J/N)?
```

Die Meldung erklärt nur die monatliche Sicherungsprozedur und ermöglicht dem Anwender, den Vorgang fortzusetzen oder abzubrechen. Wenn der Anwender den Vorgang fortsetzen möchte und J eingibt, folgt die Ausführung des DOS-Befehls BACKUP, der den gesamten Inhalt des Datenträgers auf Disketten im Laufwerk A: sichert:

```
REM Vollständige Sicherung der
REM Festplatte durchführen
ECHO MONATLICHE SICHERUNG
ECHO Kopiert sämtliche Dateien Ihrer
ECHO Festplatte auf Disketten.
ECHO
ECHO Abhängig vom Datenvolumen kann dieser
ECHO Prozeß einige Zeit beanspruchen.
ECHO Sicherung ausführen (J/N)?
IF ERRORLEVEL 78 GOTO RETURN

IF ERRORLEVEL 74 GOTO BACKUP
:BACKUP
ECHO Kennzeichnen Sie jede Diskette
ECHO mit dem aktuellen Datum, dem Wort
ECHO MONATSBACKUP und Ihren Initialen
BACKUP C:\*.* A: /S
:RETURN
CLS
```

Die Datei DAILY.BAT sieht der Datei MONTHLY.BAT recht ähnlich:

```
REM Sicherungskopie aller Dateien, die seit
REM der letzten Sicherung verändert bzw.
REM neu angelegt worden sind

ECHO TÄGLICHE SICHERUNG
ECHO Kopiert sämtliche seit der letzten
ECHO Sicherung veränderten bzw. neu angelegten
ECHO Dateien auf Disketten.
ECHO
ECHO Sicherung ausführen (J/N)?
GETYORN
IF ERRORLEVEL 78 GOTO RETURN
IF ERRORLEVEL 74 GOTO BACKUP
:BACKUP
```

9 Aufbau einer Programmbibliothek

```
ECHO Kennzeichnen Sie jede Diskette
ECHO mit dem aktuellen Datum, dem Wort
ECHO TAGESBACKUP und Ihren Initialen.
ECHO Legen Sie als erstes die Diskette ein,
ECHO die Sie als letztes bei der vorangegangenen
ECHO täglichen Sicherung verwendet haben
BACKUP C:\*.* A: /S /A /M
:RETURN
CLS
```

Auch hier erhält der Anwender eine Rückfrage, die er mit [J] bzw. [N] beantworten kann.

Das von der technischen Seite wohl interessanteste Modul ist die Datei SPECIFIC.BAT. Sie erlaubt dem Anwender das direkte Festlegen einer Datei bzw. einer Dateigruppe, die gesichert werden soll. Ähnlich wie das Programm GETPASS stützt sich auch SPECIFIC.BAT auf eine zweite Datei, die hier den Namen BACKUP.FMT trägt und über eine Kopie von der Tastatur erstellt werden muß (siehe nächster Absatz).

```
REM Sichern einer oder mehrerer
REM ausgewählter Dateien auf
REM Diskette. Fordert den Anwender
REM auf, Dateinamen einzugeben und
REM kopiert die Namen in die Datei
REM BACKUP.DAT. Mit BACKUP.DAT
REM erstellen Sie den Befehl BACKUP
REM in der Datei BACKIT.BAT.
IF NOT EXIST BACKUP.FMT GOTO NO_FORMAT
ECHO SICHERN EINZELNER DATEIEN
GOTO BACKUP
NO_FORMAT
ECHO Die Sicherung ausgewählter
ECHO Dateien erfordert die Datei
ECHO BACKUP.FMT, die BACKUP ^Z
ECHO enthält, wie in diesem
ECHO Buch schon erläutert.
PAUSE
GOTO RETURN
:BACKUP
ECHO Geben Sie die Namen der zu sichernden
ECHO Dateien sowie das Ziellaufwerk ein und
ECHO schließen Sie die Eingabe mit F6/RETURN ab
ECHO Beispiel:  *.DAT A: ^Z [Enter]
COPY CON BACKUP.DAT > NUL
COPY BACKUP.FMT+BACKUP.DAT BACKIT.BAT
ECHO Sicherung ausführen (J/N)?
```

Aufbau einer Programmbibliothek 9

```
GETYORN
IF ERRORLEVEL 78 GOTO RETURN
CALL BACKIT
DEL BACKUP.DAT
DEL BACKIT.BAT
:RETURN
CLS
```

Die von SPECIFIC.BAT vorausgesetzte Datei BACKUP.FMT wird über den Befehl COPY CON BACKUP.FMT erstellt:

```
C:\> COPY CON BACKUP.FMT
```

Tippen Sie BACKUP, gefolgt von einem Leerzeichen, und drücken Sie dann [F6], um das Ende der Datei zu signalisieren:

```
C:\>COPY CON BACKUP.FMT
BACKUP ^Z
```

Wenn Sie nun die Eingabetaste drücken, erstellt MS-DOS die Datei. Sie erhalten die Meldung:

```
C:\>COPY CON BACKUP.FMT
BACKUP ^Z
   1 Datei(en) kopiert

C:>
```

Hinweis

SPECIFIC.BAT prüft als erstes, ob die Datei BACKUP.FMT existiert. Sollte das nicht der Fall sein, gibt die Datei eine Fehlermeldung aus, darauf folgt ein Rücksprung zum Hauptprogramm.

Ein vollständiger Lauf von SPECIFIC.BAT sieht etwa so aus:

```
SICHERN EINZELNER DATEIEN
Geben Sie die Namen der zu sichernden
Dateien sowie das Ziellaufwerk ein und
schließen Sie die Eingabe mit F6/RETURN ab.
Beispiel:   *.DAT A: ^Z [Enter]
TEST.* ^Z
Sicherung durchführen (J/N)? J
```

Die vom Anwender als Dateinamen und Ziellaufwerk eingegebenen Zeichen werden über den Befehl

```
COPY CON BACKUP.DAT > NUL
```

in die Datei BACKUP.DAT kopiert, wobei die Umleitung der Ausgabe nach NUL die Meldung

```
1 Datei(en) kopiert
```

163

9 Aufbau einer Programmbibliothek

des Befehls COPY unterdrückt. Der darauffolgende Befehl

```
COPY BACKUP.FMT+BACKUP.DAT BACKIT.BAT
```

schreibt den Inhalt von BACKUP.FMT (= BACKUP) zusammen mit den Daten aus BACKUP.DAT (= vom Anwender eingegebene Dateinamen und Ziellaufwerk) in die Datei BACKIT.BAT, die von SPECIFIC.BAT danach als Befehl aufgerufen wird. Nehmen wir einmal an, Sie hätten auf die Anfrage von SPECIFIC.BAT mit der Eingabe

```
C:\DOS A:
```

geantwortet. In diesem Fall würde BACKIT.BAT die folgende Befehlszeile enthalten:

```
BACKUP C:\DOS A:
```

Offensichtlich bezieht sich dieser Aufruf von BACKUP nur auf das gewünschte Unterverzeichnis.

Nachdem die Ausführung des Befehls BACKUP beendet wurde, löscht die Batch-Datei die Dateien BACKUP.DAT und BACKIT.BAT.

Die in diesem Kapitel vorgestellte Sammlung von Programmen sollte in erster Linie demonstrieren, welche Möglichkeiten in Batch-Dateien stecken. Eine erste Erweiterungsmöglichkeit dieser Beispielprogramme besteht im Hinzufügen von Bildschirmfarben mit ANSI.SYS. Wenn Sie mit der Version 3.3 von MS-DOS oder höher arbeiten, könnten Sie beispielsweise auch den Parameter /L von BACKUP verwenden: Er weist dieses Programm ein, eine »Log-Datei« zu erstellen, die über eventuelle Fehler während der Sicherungskopie Auskunft gibt. Alternativ wäre auch eine Auswertung des von BACKUP nach der Ausführung hinterlassenen Statuscodes über IF ERRORLEVEL denkbar.

Spielereien mit AUTOEXEC.BAT 10

In den vorangegangenen Kapiteln dieses Buches haben Sie nicht nur alle Batch-Befehle von MS-DOS der Reihe nach kennengelernt, sondern auch bereits einige Programme selbst mit DEBUG erstellt. Genug der grauen Theorie: Dieses Kapitel stellt einige unterhaltsame Batch-Dateien vor, die Sie aus der Datei AUTOEXEC.BAT heraus aufrufen können. Alle Dateien dieses Kapitels benutzen einfache Programme, die mit DEBUG erstellt werden.

Die Batch-Datei GREETING.BAT benutzt das Programm WEEKDAY.COM, um den aktuellen Wochentag zu bestimmen. Die Datei zeigt dann eine Meldung an, die diesem Tag entspricht. Nachfolgend die Datei:

```
ECHO OFF
REM Bestimmt den Wochentag über
REM WEEKDAY.COM (0=So, 1=Mo usw.)
REM und begrüßt den Benutzer entsprechend
WEEKDAY
IF ERRORLEVEL 6 GOTO SAMSTAG
IF ERRORLEVEL 5 GOTO FREITAG
IF ERRORLEVEL 4 GOTO DONNERSTAG
IF ERRORLEVEL 3 GOTO MITTWOCH
IF ERRORLEVEL 2 GOTO DIENSTAG
IF ERRORLEVEL 1 GOTO MONTAG
:SONNTAG

ECHO Es ist Sonntag! WAS TUN SIE IM BÜRO?
GOTO DONE
:MONTAG
ECHO Es ist Montag - (Ächz..)
GOTO DONE
:DIENSTAG
ECHO Es ist Dienstag, - die Woche
ECHO hat gerade begonnen.
GOTO DONE
:MITTWOCH
ECHO Es ist Mittwoch - die Hälfte
```

10 Spielereien mit AUTOEXEC.BAT

```
ECHO ist geschafft!
GOTO DONE
:DONNERSTAG
ECHO Es ist Donnerstag - bald ist es soweit!
GOTO DONE
:FREITAG
ECHO Es ist endlich Freitag - Happy Hour!
GOTO DONE
:SAMSTAG
ECHO Es ist Samstag - Sie sollten
ECHO im Bett bleiben.
:DONE
```

Wenn Sie Verabredungen an einem bestimmten Tag haben oder wichtige Besprechungen, die Sie lieber nicht vergessen wollen, können Sie den Befehl ECHO entsprechend modifizieren, um Sie am Tag der Besprechung oder einen Tag zuvor daran zu erinnern. Das Programm WEEKDAY.COM verwendet eine Funktion von MS-DOS, die das aktuelle Systemdatum abfragt und dabei sozusagen als Dreingabe eine Kennziffer für den Wochentag liefert. Diese Kennziffer wird von WEEKDAY.COM als Statuscode gesetzt und von GREETING.BAT via IF ERRORLEVEL ausgewertet.

Die Eingabe von WEEKDAY.COM erfolgt wie gehabt mit DEBUG:

```
C:\> DEBUG WEEKDAY.COM
Datei nicht gefunden

- A 100
2AF5:0100   MOV AH, 2A
2AF5:0102   INT 21
2AF5:0104   MOV AH, 4C
2AF5:0106   INT 21
2AF5:0108
- R CX
CX 0000
: 8
- W
Writing 0008 Byte
- Q

C:>
```

In ähnlicher Weise benutzt die Batch-Datei SCHEDULE.BAT ein Programm namens GETMONTH.COM, das den Monat im Jahr ermittelt:

Spielereien mit AUTOEXEC.BAT 10

```
ECHO OFF
REM Bestimmt den aktuellen Monat über
REM GETMONTH.COM (1=Jan,2=Feb usw.)
REM und zeigt danach Termine des jeweiligen
REM Monats an.

GETMONTH
IF ERRORLEVEL 1 IF NOT ERRORLEVEL 2 GOTO JANUAR
IF ERRORLEVEL 2 IF NOT ERRORLEVEL 3 GOTO FEBRUAR
IF ERRORLEVEL 3 IF NOT ERRORLEVEL 4 GOTO MÄRZ
IF ERRORLEVEL 4 IF NOT ERRORLEVEL 5 GOTO APRIL
IF ERRORLEVEL 5 IF NOT ERRORLEVEL 6 GOTO MAI
IF ERRORLEVEL 6 IF NOT ERRORLEVEL 7 GOTO JUNI
IF ERRORLEVEL 7 IF NOT ERRORLEVEL 8 GOTO JULI
IF ERRORLEVEL 8 IF NOT ERRORLEVEL 9 GOTO AUGUST
IF ERRORLEVEL 9 IF NOT ERRORLEVEL 10 GOTO SEPT
IF ERRORLEVEL 10 IF NOT ERRORLEVEL 11 GOTO OKT
IF ERRORLEVEL 11 IF NOT ERRORLEVEL 12 GOTO NOV
IF ERRORLEVEL 12 GOTO DEZ

:JANUAR
ECHO  1. Januar - Neujahrstag
ECHO 15. Januar - Martin Luther Kings Geburtstag
GOTO DONE

:FEBRUAR
ECHO 12. Februar- Lincolns Geburtstag
ECHO 14. Februar- Valentinstag
ECHO 22. Februar- Washingtons Geburtstag
GOTO DONE

:MÄRZ
ECHO 17. März    - St. Patricks Tag
GOTO DONE

:APRIL
ECHO  1. April  - Aprilscherz
GOTO DONE

:MAI
ECHO  1. Mai    - Maifeiertag
ECHO letzter Montag im Mai - Memorial Tag
GOTO DONE

:JUNI
GOTO DONE

:JULI
```

10 Spielereien mit AUTOEXEC.BAT

```
ECHO 4. Juli - Nationalfeiertag
GOTO DONE

:AUGUST
GOTO DONE

:SEPT
ECHO Erster Montag im September - Labor Tag
GOTO DONE

:OKT
ECHO 12. Oktober - Kolumbus Tag
ECHO 31. Oktober - Halloween
GOTO DONE

:NOV
ECHO 11. November - Veteran's Day
ECHO Vierter Donnerstag - Erntedank
GOTO DONE

:DEZ
ECHO 24. Heilig Abend
ECHO 25. Dezember - Weihnachten

:DONE
```

In unserem Beispiel enthält die Datei einige der wichtigsten Feiertage der USA. Mit dem Befehl ECHO fügen Sie einfach Geburtstage, Jahrestage oder andere wichtige Daten ein.

Das Programm GETMONTH.COM wird in der üblichen Weise mit DEBUG erstellt:

```
C:\> DEBUG GETMONTH.COM
Datei nicht gefunden
- A 100
2AF5:0100 MOV AH, 2A
2AF5:0102 INT 21
2AF5:0104 MOV AL, DH
2AF5:0106 MOV AH, 4C
2AF5:0108 INT 21
2AF5:010A
- R CX
CX 0000
: A
- W
Writing 000A Byte
```

Spielereien mit AUTOEXEC.BAT 10

```
-Q
C:>
```

Es wird wohl eine ganze Reihe von Fällen geben, in denen die Angabe des Monats allein nicht ausreichend ist. Das im folgenden vorgestellte Programm GETDAY.COM nimmt es hier etwas genauer - es ermittelt den jeweiligen Tag innerhalb eines Monats und hinterläßt den entsprechenden Wert (1..31) als Statuscode:

```
C:\> DEBUG GETDAY.COM
Datei nicht gefunden
-A 100
2AF5:0100 MOV AH, 2A
2AF5:0102 INT 21
2AF5:0104 MOV AL, DL
2AF5:0106 MOV AH, 4C
2AF5:0108 INT 21
2AF5:010A
-R CX
CX 0000
:A
-W
Writing 000A Byte
-Q
C:>
```

Das folgende Fragment würde auf den 17. März mit der Ausgabe »Termin!« reagieren:

```
GETMONTH
IF ERROLEVEL 3 IF NOT ERRORLEVEL 4 GOTO MÄRZ
...
:MÄRZ
GETDAY
IF ERRORLEVEL 15 IF NOT ERRORLEVEL 16 ECHO Termin!
```

Mit GETDAY könnte man beispielsweise auch dafür sorgen, daß bestimmte Dateien am 15. des darauffolgenden Monats gelöscht werden. (Wie bei derartigen Aktionen üblich, sollte man dabei in jedem Fall eine Rückfrage an den Benutzer einbauen).

Die Batch-Datei GETTIME.BAT nimmt es noch etwas genauer als GETDAY.BAT: Sie verwendet ein Programm namens GETHOUR zur Bestimmung der aktuellen Stunde:

```
ECHO OFF
REM Bestimmt die aktuelle Stunde über
REM GETHOUR.COM (Wertebereich 0..23)
REM und begrüßt den Anwender entsprechend.
```

169

10 Spielereien mit AUTOEXEC.BAT

```
GETHOUR

IF ERRORLEVEL 18 GOTO ABEND
IF ERRORLEVEL 12 GOTO NACHMITTAG
IF ERRORLEVEL 8 GOTO MORGEN

:ZU_SPÄT
ECHO Wo kommen Sie denn um diese Uhrzeit her?
GOTO DONE

:MORGEN
ECHO Guten Morgen!
GOTO DONE

:NACHMITTAG
ECHO Hmm - guten Tag. Auch schon da?
GOTO DONE

:ABEND
ECHO Guten Abend - bißchen spät, nicht?

:DONE
```

Das Programm GETHOUR.COM benutzt wiederum eine der Zeit- und Datumsfunktionen von MS-DOS und läßt sich auf mittlerweile gewohnte Weise mit DEBUG erstellen:

```
C:\> DEBUG GETHOUR.COM
Datei nicht gefunden
- A 100
2AF5:0100 MOV AH, 2C
2AF5:0102 INT 21
2AF5:0104 MOV AL, CH
2AF5:0106 MOV AH, 4C
2AF5:0108 INT 21
2AF5:010A
- R CX
CX 0000
: A
- W
Writing 000A Byte
- Q
C:>
```

Der Vollständigkeit halber noch eine Variante, die die momentane Minutenzahl der Systemzeit als Statuscode hinterläßt:

Spielereien mit AUTOEXEC.BAT 10

```
C:\> DEBUG GETMIN.COM
Datei nicht gefunden
- A 100
2AF5:0100  MOV AH, 2C
2AF5:0102  INT 21
2AF5:0104  MOV AL, CL
2AF5:0106  MOV AH, 4C
2AF5:0108  INT 21
2AF5:010 A
- R CX
CX 0000
: A
- W
Writing 000A Byte
- Q
C:>
```

Damit sind wir am Ende unseres Streifzugs angelangt. Er hat - wie ich hoffe - eindrucksvoll bewiesen, daß sich aus Batch-Dateien mit einfachsten Hilfsmitteln nicht nur komplette Programme, sondern auch ganze Menüsysteme und Terminkalender machen lassen. Experimentieren Sie damit! Ich wünsche Ihnen viel Vergnügen!

Statuscodes im Überblick   A

Die meisten Befehle von MS-DOS hinterlassen bei ihrer Ausführung einen Statuscode, der sich von Batch-Dateien aus mit dem Befehl IF ERRORLEVEL auswerten läßt. Die folgende Tabelle gibt die wichtigsten DOS-Befehle und die von ihnen erzeugten Statuscodes wieder:

Befehl	Statuscode	Bedeutung
BACKUP	0	Sicherung wurde fehlerfrei erstellt
BACKUP	1	keine zu sichernden Dateien gefunden
BACKUP	2	Einige Dateien konnten aufgrund von Konflikten beim gemeinsamen Dateizugriff nicht gesichert werden
BACKUP	3	Sicherungsvorgang wurde vom Anwender mit [Strg]+[C] abgebrochen
BACKUP	4	Sicherungsvorgang wurde aufgrund eines Fehlers abgebrochen
DISKCOMP	0	Disketten sind identisch
DISKCOMP	1	Es wurden Unterschiede festgestellt
DISKCOMP	2	Der Anwender hat [Strg]+[C] gedrückt, um den Vorgang abzubrechen
DISKCOMP	3	Es ist ein schwerer Fehler aufgetreten
DISKCOMP	4	Es ist ein Initialisierungsfehler aufgetreten
DISKCOPY	0	Kopiervorgang wurde fehlerfrei beendet ▶

Tabelle 14
Statuscodes aller DOS-Befehle

A Anhang

Befehl	Statuscode	Bedeutung
DISKCOPY	1	Es ist ein behebbarer Lese- oder Schreibfehler aufgetreten
DISKCOPY	2	Der Anwender hat [Strg]+[C] gedrückt, um den Vorgang abzubrechen
DISKCOPY	3	Es ist ein schwerer Fehler aufgetreten
DISKCOPY	4	Es ist ein Initialisierungsfehler aufgetreten
FORMA	0	Formatierungsvorgang wurde fehlerfrei beendet
FORMAT	3	Der Anwender hat [Strg]+[C] gedrückt, um den Vorgang abzubrechen
FORMAT	4	Es ist ein schwerer Fehler aufgetreten
FORMAT	5	Anwender hat N gedrückt, um den Formatierungsvorgang abzubrechen
GRAFTABL	0	Befehl fehlerfrei ausgeführt
GRAFTABL	1	Zeichensatz war bereits geladen und wurde durch neue Tabelle ersetzt
GRAFTABL	2	Es ist ein Dateifehler aufgetreten
GRAFTABL	3	Es wurde ein falscher Parameter angegeben. Es ist keine Aktion durchgeführt worden
GRAFTABL	4	Es ist eine falsche Version von MS-DOS geladen. Version 5 ist erforderlich
KEYB	0	Tastaturdefinitionstabelle wurde fehlerfrei geladen
KEYB	1	Tastaturcode falsch, Codeseite falsch oder Syntax unzulässig
KEYB	2	Tastaturdefinitionstabelle fehlerhaft oder nicht vorhanden ▶

Anhang **A**

Befehl	Statuscode	Bedeutung
KEYB	3	Datei kann nicht erstellt werden
KEYB	4	Bei der Kommunikation mit dem Konsolengerät CON trat ein Fehler auf
KEYB	5	Die angeforderte Codeseite war nicht vorbereitet
KEYB	6	Fehlende Übersetzungstabelle
KEYB	7	Es ist eine falsche Version von MS-DOS geladen. MS-DOS 5 ist erforderlich
REPLACE	0	REPLACE hat die Dateien fehlerfrei ersetzt oder hinzugefügt
REPLACE	2	REPLACE hat die Quelldatei nicht gefunden
REPLACE	3	REPLACE hat den Quell- oder Zielpfad nicht gefunden
REPLACE	5	Der Anwender hat kein Zugriffsrecht auf die zu ersetzenden Dateien
REPLACE	8	Es steht nicht genügend Arbeitsspeicher zur Ausführung des Befehls zur Verfügung
REPLACE	11	Der Anwender hat eine unzulässige Syntax in der Befehlszeile verwendet
REPLACE	15	Ungültige Laufwerksbezeichnung
REPLACE	22*	Es ist eine falsche Version von MS-DOS geladen. MS-DOS 5 ist erforderlich
RESTORE	0	RESTORE hat die Datei(en) erfolgreich wiederhergestellt
RESTORE	1	RESTORE hat die wiederherzustellenden Dateien nicht gefunden ▶

A Anhang

Befehl	Statuscode	Bedeutung
RESTORE	2*	Einige Dateien konnten aufgrund von Konflikten beim gemeinsamen Datenzugriff nicht wiederhergestellt werden
RESTORE	3	Der Wiederherstellungsvorgang wurde vom Anwender durch Drücken von [Strg]+[C] abgebrochen
RESTORE	4	Schwerer Fehler: RESTORE hat abgebrochen

Hinweis Die mit einem Sternchen gekennzeichneten Werte werden von MS-DOS nicht via ERRORLEVEL zurückgeliefert, sondern führen zu einem Abbruch der Batch-Datei

Die Version 5 von MS-DOS definiert zusätzlich die folgenden Statuscodes:

Tabelle 15
Zusätzliche Statuscodes von MS-DOS 5

Befehl	Statuscode	Bedeutung
SETVER	0	SETVER wurde erfolgreich ausgeführt
SETVER	1	Der Anwender hat eine unzulässige Befehlsoption eingegeben
SETVER	2	Der Anwender hat einen ungültigen Dateinamen eingegeben
SETVER	3	Es ist nicht genügend Arbeitsspeicher vorhanden, um den Befehl auszuführen
SETVER	4	Der Anwender hat die Versionsnummer in einem ungültigen Format angegeben
SETVER	5	SETVER konnte den angegebenen Eintrag in der Tabelle nicht finden
SETVER	6	SETVER konnte Dateien nicht finden ▶

Anhang A

Befehl	Statuscode	Bedeutung
SETVER	7	Ungültige Laufwerksbezeichnung
SETVER	8	Zuviele Parameter angegeben
SETVER	9	SETVER hat fehlende Parameter in der Befehlszeile entdeckt
SETVER	10	SETVER hat einen Fehler beim Lesen der Dateien entdeckt
SETVER	11	Die Datei ist unbrauchbar oder beschädigt
SETVER	12	Die angegebene Datei unterstützt keine Versionstabelle
SETVER	13	Es ist nicht genügend Platz in der Versionstabelle für einen neuen Eintrag
SETVER	14	SETVER hat beim Schreiben in die Datei einen Fehler entdeckt

Die folgenden Statuscodes werden nur von MS-DOS ab der Version 4.0, nicht jedoch von PC-DOS definiert:

Befehl	Statuscode	Bedeutung
XCOPY	0	Dateien wurden fehlerfrei kopiert
XCOPY	1	Es wurden keine zu kopierenden Dateien gefunden
XCOPY	2	Der Anwender hat XCOPY durch Drücken von Strg+C abgebrochen
XCOPY	4	Initialisierungsfehler aufgetreten. Ursachen: nicht genügend Speicherkapazität im Arbeitsspeicher oder auf Datenträger, ungültige Laufwerksbezeichnung oder unzulässige Syntax
XCOPY	5	Schreibfehler aufgetreten

Tabelle 16
Spezielle Statuscodes von MS-DOS 4

Escapesequenzen von ANSI.SYS

B

In diesem Buch wurde von den ANSI-Escapesequenzen häufig Gebrauch gemacht. Die folgende Tabelle faßt diese Zeichenfolgen zusammen:

Tabelle 17
Escapesequenzen
von ANSI.SYS

Zeichenfolge	Funktion
Esc[PnA	Bewegt den Cursor die angegebene Anzahl von Zeilen nach oben
Esc[PnB	Bewegt den Cursor die angegebene Anzahl von Zeilen nach unten
Esc[PnC	Bewegt den Cursor die angegebene Anzahl von Spalten nach rechts
Esc[PnD	Bewegt den Cursor die angegebene Anzahl von Spalten nach links
Esc[PL;PcH	Bewegt den Cursor an die angegebene Position (Koordinaten)
Esc[PL;Pcf	Diese Zeichenfolge funktioniert genauso wie die vorangehende Escapesequenz zur Cursorbewegung
Esc[PL;PcR	Gibt aktuelle Reihe und Spalte an. Dieser Befehl ist nur in PC-DOS definiert
Esc[s	Speichert die Cursorposition
Esc[u	Stellt Cursorposition wieder her
Esc[2J	Löscht den Bildschirm und bewegt den Cursor an die linke obere Ecke ▶

B Anhang

Zeichenfolge	Funktion
Esc[K	Löscht alle Zeichen rechts des Cursors bis zum Ende der Zeile
Esc[Ps;...;Psm	Setzt Bildschirmattribute
Esc[6n	Zeigt Konsolenwert an
Esc[=Psl*	Setzt Modus zurück
Esc[=Psh	Setzen des Modus
Esc[=7l*	Schaltet Zeilenumlauf aus
Esc[0;fkey;"Text"p	Definiert eine Funktionstaste
Esc[0q +	Ignoriert Befehle, die versuchen der erweiterten Tastatur zusätzliche Tasten zuzuweisen
Esc[1q ++	Erlaubt zusätzliche Tastenzuweisung auf erweiterter Tastatur, obwohl ANSI.SYS ohne Option /X geladen wurde

Hinweise Die mit einem Sternchen gekennzeichneten Escapesequenzen enthalten als letzten Buchstaben ein kleingeschriebenes »l«. Die mit einem Pluszeichen gekennzeichneten Sequenzen sind nur in der Version 4.0 von PC-DOS verfügbar, d.h. unter MS-DOS undefiniert. Die mit zwei Pluszeichen gekennzeichneten Befehle verwenden die Ziffer »1« (die sich leider recht einfach mit einem »l« verwechseln läßt).

Stichwortverzeichnis

$ (Metazeichen) 27, 114
% (Variablen) 61, 78, 89, 99
* (Jokerzeichen und Edlin) 18,
  62, 79, 114
- (Eingabeaufforderung von
  DEBUG) 132
: (Batch-Marke) 84
== (Vergleiche von
  Zeichenketten) 68
> (Ausgabeumleitung) 43
> (DOS-
  Eingabeaufforderung) 27, 31
? (Jokerzeichen) 79
@ (Echo-Unterdrückung) 37, 49
^[V (Esc-Zeichen in Edlin) 125
^G (Piepton) 51
^Z (Dateiende) 15
2LABELS.BAT 106

A

A100 (DEBUG-Befehl) 132
Alt-Taste
  ASCII-Zeichen und 147
  BEL-Zeichen erzeugen 49
  Leerzeilen erzeugen 56, 86
ANSI.SYS (Gerätetreiber) 119
  Befehlsübersicht 179
  Bildschirm löschen 125
  Bildschirmfarben setzen 122
  blinkende Zeichen 122
  Cursorsteuerung mit 127
  Escapesequenzen 120
  Farbwerte 120, 153
  Hilfestellung, Ausgabe mit 127
  Installation 119
  Umdefinieren von Tasten 128
  und Umgebungsvariablen 123

ARROW.BAT
  (Beispielprogramm) 144
ASCII-Modus, für
  Batch-Dateien 105
ASCII-Zeichensatz
  Alt-Taste und 147
  Escapesequenzen 120, 125
  Leerzeilen mit ECHO 56, 86
  Linienzeichen 147
  Pieptöne 49
  Standard 147
Ausgabeumleitung 81, 116, 141
AUTOEXEC.BAT
  Änderungen bei Installation 92
  Anpassungen 165
  Ausdrucken 61
  DATE-Befehl 32
  DOS-Befehle in 30
  ECHO OFF-Befehl in 40
  Makros installieren 114
  Tasten umdefinieren 130
  Unterdrücken des Echos 40
  Unterverzeichnisse und 92
  vs. CONFIG.SYS 33
AUTOEXEC.SAV 33

B

BACKIT.BAT 164
BACKUP.DAT 163
BACKUP.FMT 162
BADCMD.BAT 104
BADFILE.BAT 105
BAT (Dateierweiterung) 13, 33
Batch-Befehle
  CALL 93
  COMMAND /C 93
  ECHO, für Meldungen 55

Stichwortverzeichnis

Batch-Befehle (Forts.)
  ECHO OFF 38, 44, 48, 55, 69, 104
  FOR 78
  IF 65
  NOT-Operator 76
  OS/2, Erweiterungen 107
  PAUSE 47, 66
  REM 44
  SHIFT 99
  ungültige 104
Batch-Befehle, Zusammenfassungen
  CALL 95
  COMMAND 97
  ECHO 40
  ECHO (Text) 59
  ENDLOCAL (OS/2) 109
  EXTPROC (OS/2) 107
  FOR 82
  IF == 71
  IF ERRORLEVEL 74
  IF EXIST 67
  NOT-Operator 77
  PAUSE 53
  REM 45
  SETLOCAL (OS/2) 109
  SHIFT 102
Batch-Bibliothek
  Bildschirmfarben 120, 153
  Formatierschutz 155
  Paßwörter 157
  Sicherungskopien 159
Batch-Dateien 9
  Abbrechen 42
  Anzeige 80
  Ausgabeumleitung 43
  Ausnahmen 104
  Bearbeiten 24
  Bearbeitung anhalten 47
  Beispiel, einfaches 10
  EDIT und 21
  Edlin und 17
  Erstellen 21
  gegenseitige Aufrufe 93
  Kommentare 44
  Lesbarkeit erhöhen 46
  Meldungen ausgeben 54
  Namensgebung 13
  Ort der Speicherung 60
  OS/2 vs. DOS 11
  Personalisieren des Systems 27
  umfangreiche, erstellen 16
  Vorteile von 12
  vs. Makros 113
Batch-Programmierung 65
  FOR 78
  GOTO 83, 105, 116
  IF == 65, 68
  IF ERRORLEVEL 65, 72, 139, 164, 173
  IF EXIST 65, 81, 105
  Marken 84
  NOT-Operator 76
  Prüfungen 65
BATCH-Unterverzeichnis 60
Batch-Variablen (s.a. Kommandozeilen-Parameter) 62, 78, 89, 99
Bearbeiten von Batch-Dateien mit Edlin 17
Bearbeiten von Kommandozeilen mit DOSKEY 111
Bedingte Bearbeitung 78
Befehle
  Befehlsprozessor laden 98
  Hilfestellung 81, 85, 113, 127
  Kommandozeile 61
  Speicherung von DOSKEY 113
  Vereinfachen mit Batch-Dateien 13
BELL.BAT (Demoprogramm) 49
Benutzereingaben
  F10 bis F10 143
  Ja/Nein 139
  Pfeiltasten und RETURN 145
Betriebssystem, Konfiguration 33
Bildschirm
  Drucken 132
  Löschen 125
Bildschirmfarben
  COLORS.BAT 153
  Setzen mit ANSI.SYS 120
  Wiederherstellen 123
BLANK.BAT (Demoprogramm) 57
BLANK5.BAT 58

Stichwortverzeichnis

Blinkende Zeichen 122
BOXMENU.BAT 149
BREAK=, in CONFIG.SYS 33
BUFFERS=, in CONFIG.SYS 33

C

\BIN 31
\UTIL 31
CALCINV.EXE 12, 37
CALL-Befehl 93, 130
   Zusammenfassung 95
CHANGEIT.BAT
   (Demoprogramm) 108
CHDIR-Befehl 31, 115
CHKDSK.COM 11
CLS-Befehl 10
CLSVV-Makro 114
CMD (Dateierweiterung) 11, 13
COLOR.BAT (Demoprogramm) 68
COLORS.BAT 153
COM1-Parameter 28
COMMAND /C-Befehl 96, 130
   Zusammenfassung 97
COMMAND.COM 93, 96
COMPSTR.BAT 77
CON 15
CONFIG.SYS 119, 137
   Bearbeiten für RAM-Disks 137
   Einträge 33
   Installation von ANSI.SYS 119
   vs. AUTOEXEC.BAT 33
COPY-Befehl
   Batch-Dateien erstellen mit 15
   CP.BAT als Abkürzung 63
   Schutz vor Überschreiben 66
COUNTRY=, in CONFIG.SYS 33
CP.BAT (Demoprogramm) 63
CURPOS.BAT 127
Cursorposition setzen 127

D

D.BAT 102
DAILY.BAT 161
DATE-Befehl 10, 15
   in AUTOEXEC.BAT 32

Datei nicht gefunden
   (Fehlermeldung) 105
Dateiende-Zeichen 15
Dateierweiterungen 13
Datum und Uhrzeit
   bestimmen 169
DEBUG
   Anwendungen 131, 139
   Befehle 132
   Eingabeaufforderung 132
   F1TOF10.COM 142
   GETARROW.COM 144
   GETDAY.COM 169
   GETHOUR.COM 170
   GETMIN.COM 170
   GETMONTH.COM 168
   GETYORN.COM 139
   REBOOT.COM 135
   SCRPRINT.COM 132
   und ARROW.BAT 144
   WEEKDAY.COM 166
DEFKEY.BAT 128
DELETE.BAT 123
DELETEYN.BAT
   (Demoprogramm) 141
DEVICE=,
   in CONFIG.SYS 33, 119
DEVICEHIGH?,
   in CONFIG.SYS 33
DIR-Befehl 11
DIRAB.BAT (Demoprogramm) 43
DISKCOPY-Befehl,
   Statuscodes 72
DISKINFO.BAT 11
   Erstellen mit COPY 15
DOS
   Eingabeaufforderung 27, 31, 32, 113
   Kalenderdatum abfragen 166
   Neustart 137
   Statuscodes 173
   Uhrzeit abfragen 170
   Umleitung der
   Ein-/Ausgabe 43, 81, 116, 141
   Versionsnummer ausgeben 38
DOS-Befehle
   Batch-Dateien 9
   bedingte Ausführung 65

183

Stichwortverzeichnis

CALL 93
COMMAND /C 93
  für Dateigruppen 78
  in AUTOEXEC.BAT 30
  interne und externe 105
  Statuscodes testen 72
DOS=, in CONFIG.SYS 33
DOSKEY
  /HISTORY 113
  /MACROS 116
  Grenzen 116
  Installation 111
  Installationsmeldung 111
  Kommandozeilen 111
  Makros definieren 113
  Parameter 114
  Tastenbefehle 112
  Zusammenfassung 117
DOSMENU.BAT 143, 151
DOWORD.BAT 13
DRIVPARM=, in CONFIG.SYS 33

E

ECHO OFF-Befehl
  für Batch-Befehle 104
  Kommentare und 44
  nicht für Makros 116
  Unterdrücken der
  Befehlsanzeige 37, 48, 55, 69, 104
ECHO ON-Befehl 39, 48, 54
ECHO-Befehl
  Cursor positionieren 127
  Dateinamen ausgeben 81
  erweiterter
  ASCII-Zeichensatz 149
  Escapesequenzen
  ausgeben 120, 125
  Leerzeilen mit 86
  Meldungen an den Benutzer 54
  Parameter ausgeben 63
  Unterdrücken der Ausgaben 38
  Zusammenfassung 40, 59
ECHOTEST.BAT 49
EDIT.COM
  Batch-Dateien bearbeiten 24
  Batch-Dateien erzeugen 21

erweiterter
  ASCII-Zeichensatz 149
  Escapesequenzen 126
EDLIN (Editor)
  Batch-Dateien bearbeiten 19
  Batch-Dateien erzeugen 17
  Eingabeaufforderung 18
  erweiterter
  ASCII-Zeichensatz 149
  Escapesequenzen 125
  Leerzeilen erzeugen 58
  Pieptöne erzeugen 52
ENDLOCAL (OS/2) 107
ERASEIT.BAT 141
ERRLEVEL.BAT 73
Erweiterter
  ASCII-Zeichensatz 56, 130, 147
Erzeugen von Batch-Dateien 14
  COPY-Befehl 14
  EDIT 21
  Edlin 17
  Textverarbeitungen 14
Escapesequenzen von
  ANSI.SYS 120
EXIT-Befehl 98
Externe DOS-Befehle 105
EXTPROC (OS/2) 107

F

F1TOF10.COM 142
Farbwerte von ANSI.SYS 120, 153
FCBS=, in CONFIG.SYS 33
Fehler mit Batch-Dateien
  reduzieren 13
Fehlermeldungen 69, 104
Festplatte
  Batch-Dateien speichern 60
  Formatieren verhindern 155
  Puffer 33
  Volume-Label 38
Festplattenformatierung
  verhindern 155
Fettschrift 122
FILEBU.BAT 159
FILES=, in CONFIG.SYS 33
FMAT.COM 155
FOR-Befehl 78

Stichwortverzeichnis

Zusammenfassung 82
FOR-Schleifen 141
FORMAT.COM 155
Funktionstasten
F6 (Dateiende) 16
von DOSKEY 112
zur Menüauswahl 144

G

Gerätetreiber
(siehe ANSI.SYS) 119
GETARROW.COM 144
GETDAY.COM 169
GETHOUR.COM 170
GETINV.BAT 12, 37
Kommentare 44
Meldungen 55
mit Leerzeilen 46
GETMIN.COM 170
GETMONTH.COM 168
GETPASS.BAT
(Demoprogramm) 157
GETTIME.BAT
(Demoprogramm) 169
GETYORN.COM 139
GOTO-Befehl 83, 101, 105, 116
GREETING.BAT
(Demoprogramm) 165

H

Hauptspeicher und
RAM-Disks 137
HELPDOS.BAT
(Demoprogramm) 85, 127
Hilfestellung 85
HISTORY (DOSKEY) 113

I

IF ==-Befehl 65, 68
Zusammenfassung 71
IF ERRORLEVEL-Befehl 65, 72,
139, 164, 173
Format 72
Zusammenfassung 74
IF EXIST-Befehl 65, 81, 105

Zusammenfassung 67
IF-Befehl 65
INSTALL=, in CONFIG.SYS 33
Interne DOS-Befehle 105
Invertierte Darstellung 122
Iterative Verarbeitung 78

J

Jokerzeichen (* und ?) 62, 80, 114
Dateinamen und 80

K

Kommandozeilen-Parameter (s.a.
Batch-Variablen) 61
%1..%9 62, 78, 89, 99
AUTOEXEC.BAT drucken mit 61
Batch-Dateien drucken mit 61
Bildschirmfarben setzen 120
SHIFT 99
vs. Umgebungsvariablen 89, 123
Kommandozeilenpuffer 113

L

LASTDRIVE=, in CONFIG.SYS 33
Laufwerk
mit PROMPT anzeigen 27
Wechseln 32
Leerzeilen
Eingabe in Edlin 58
Erhöhen der Lesbarkeit 46
Lesbarkeit von Batch-Dateien
erhöhen 46

M

MACROS, für DOSKEY 116
Makros, vs. Batch-Dateien 114
Marke nicht gefunden
(Fehlermeldung) 106
MDCD-Makro 115
Meldungen,
Ausgabe mit ECHO 54
Menüs mit ANSI.SYS 145
MESSAGE.BAT
(Demoprogramm) 54

185

Stichwortverzeichnis

Metazeichen 27
MKDIR-Befehl 115
Monat im Jahr ermitteln 166
Monatliche Sicherungskopie 159
MONTHLY.BAT
  (Demoprogramm) 160
MYCOPY.BAT
  (Demoprogramm) 66
MYPATH.BAT
  (Demoprogramm) 92
MYPROMPT.BAT
  (Demoprogramm) 28

N

NAMEDTMP.BAT 91
Namensgebung für
  Batch-Dateien 13
NOLABEL.BAT
  (Demoprogramm) 106
NOMSG.BAT
  (Demoprogramm) 48
NOT-Operator 76
  Zusammenfassung 77
NUL (Gerät) 157
Nullstrings 70, 101
Numerischer Ziffernblock 50

O

ONESHIFT.BAT
  (Demoprogramm) 99
OS/2
  Batch-Befehle 107
  Erweiterung CMD 11
  Real vs. Protected Mode 11
  zusätzliche Metazeichen 28

P

P.BAT (Demoprogramm) 61
PASSW.DAT 158
PASSWORD.BAT
  (Demoprogramm) 157
PASSWORD.SET 157
Paßwörter 157

PATH-Befehl 60, 105
  in AUTOEXEC.BAT 30, 92
PATH=, in CONFIG.SYS 33
PAUSE-Befehl
  für DIR 47
  Meldungen 54
  Pieptöne und 50
  Zusammenfassung 53
PAUSETWO.BAT
  (Demoprogramm) 47
Pieptöne 49
PRIMARY.BAT 93, 96
PRINT-Befehl
  Anpassen 28
  in AUTOEXEC.BAT 30, 62
  Parameter 28
PRINTDIR 116
PRINTDIR.BAT 47
PRINTINS.BAT
  (Demoprogramm) 30
PRINTINV.EXE 12, 37
PROMPT-Befehl
  Anpassen 28
  Escapesequenzen 120
  in AUTOEXEC.BAT 30
PRT.BAT (Demoprogramm) 90

Q

Q-Befehl von DEBUG 135

R

RAM-Disk 137
  Bearbeiten von
  CONFIG.SYS 137
  SET-Befehl 92
RAMDRIVE.BAT
  (Demoprogramm) 138
RAMDRIVE.SYS 137
RCX-Befehl (DEBUG) 133
REBOOT.COM 135
REM-Befehl 44
  Zusammenfassung 45
REM=, in CONFIG.SYS 33
REMOVE.BAT
  (Demoprogramm) 83

S

Scancodes der Tastatur
   Tasten F1 bis F10 128
SCHEDULE.BAT
   (Demoprogramm) 166
SCRCOLOR.BAT
   (Demoprogramm) 123
SCRERASE.BAT
   (Demoprogramm) 125
SCRPRINT.COM 132
SET-Befehl 145
   in AUTOEXEC.BAT 30
   RAM-Disk und 92
   Umgebungsvariablen und 89
SETLOCAL (OS/2) 107
SHELL=, in CONFIG.SYS 33
SHIFT-Befehl 99
   Zusammenfassung 102
SHIFTIT.BAT
   (Demoprogramm) 101
SHORTDIR.BAT
   (Demoprogramm) 80
   ECHO zur Ausgabe 81
   Erstellen mit EDIT 22
   Erstellen mit Edlin 17
SHOWECHO.BAT
   (Demoprogramm) 56
SHOWEM-Makro 114
SHOWIT-Makro 114
SHOWNAME.BAT
   (Demoprogramm) 63
SHOWVAR.BAT
   (Demoprogramm) 63
Sicherungskopien vereinfacht 159
SORT-Befehl 81
SORTDIR.BAT
   (Demoprogramm) 21
SORTDIR.TMP 91
SORTFILE.DAT 81
SORTINV.EXE 12
SPECIFIC.BAT
   (Demoprogramm) 162
Sprünge mit GOTO 83, 105, 116
STACKS= in CONFIG.SYS 33
Startprogramm des Systems 135
STARTUP.CMD 30
Statuscodes von DOS-Befehlen 72
DISKCOPY 72
GETYORN.COM 139
Kalenderdatum 166
Zusammenfassung 173
Strg+C 18
   Abbrechen von Batch-
   Programmen 42
   Makros und 116
Strg+G 51
SWITCHES=, in CONFIG.SYS 33
Syntaxfehler (Meldung) 69
SYS in Dateinamen 33, 119
System personalisieren 27
   AUTOEXEC.BAT 30, 165
   CONFIG.SYS vs.
   AUTOEXEC.BAT 33
   PROMPT 27
   Sicherungskopien 159

T

T.BAT (Demoprogramm) 66, 76
   NOT-Operator 66, 76
Tag im Monat bestimmen 168
Tasten
   numerischer Ziffernblock 50
   Scancodes 128
   Umdefinieren mit ANSI.SYS 128
TEMPDIR 91
Temporäre Dateien 91
TEST%1.BAT
   (Demoprogramm) 70
Texteditor siehe Edlin, EDIT
TIME-Befehl 10, 32
   in AUTOEXEC.BAT 32
TIMEDATE.BAT 10, 15
   mit COPY erstellt 15
TWOSHIFT.BAT
   (Demoprogramm) 100
TYPE-Befehl
   Abkürzen über Parameter 66

U

Umgebungsvariablen 89
   für Bildschirmfarben 120
   Umgebungsvariablen und SET 89

Stichwortverzeichnis

Umleitung der
  Ein-/Ausgabe 43, 81, 116, 141
Umleitungsoperatoren 43, 81, 116, 141
Unbekannter Befehl oder Dateiname 104
Unterverzeichnisse und PATH 30, 92
USEDOS.BAT 98
UTIL (Verzeichnis) 60

V

VDISK.SYS 137
VER-Befehl 38
VERVOL.BAT
  (Demoprogramm) 38, 93, 96
VERVOL2.BAT
  (Demoprogramm) 38
VERVOL3.BAT
  (Demoprogramm) 38
VERVOL4.BAT 39
VERVOL5.BAT 40

Verzeichnis
  Anzeige via PROMPT 27
  Anzeigen von Batch-Dateien 80
  für Batch-Dateien 60
VOL-Befehl 38

W

W-Befehl von DEBUG 134
WEEKDAY.COM 166
Wochentag ermitteln 166

Z

Zeichenketten 68
  Einlesen 157
  Nullstrings 70, 101
  Vergleiche 68
  Vergleiche und NOT 76
Zeileneditor siehe Edlin

Bücher für Windows-Programmierer von Microsoft Press

Die Zukunft der Software-Entwicklung - Microsoft Windows!

In der Welt der objektorientierten Benutzeroberflächen wird nicht nur die Bedienung der Computer leichter, auch dieErstellung von Programmen bleibt nicht mehr den technisch-mathematisch gebildeten Anwendern vorbehalten. Der Visual Basic Workshop enthält kleine gewerbliche Applikationen (Rechnungstellung, Formulare,...), Spiele, Utilities und ein Kommunikationsprogramm.
Alle Programme befinden sich als Sourcecode und als ausführbares Programm auf der beigelegten Diskette. Vom Software-Hersteller autorisiert.
John Clark Craig
Der Visual Basic Workshop
ISBN 3-86063-308-2, **DM 98,00**
erscheint ca. 1. Quartal 1992

Der "Windows Entwickler-Workshop" ist das erste Buch in einer neuen Serie, die sich an professionelle Software-Entwickler wendet. Jeder Band enthält die detailreiche Darstellung verschiedener komplexer technischer Themen aus dem Bereich derWindows-Programmierung. An ausführlichen Beispielen, die immer als kompletter Sourcecode abgedruckt und kommentiert werden, zeigt dieser Band, wie man Probleme bei der Entwicklung von Windows-Applikationen löst. Zentrale Themen: Dynamic Data Exchange (DDE), Dynamic Link Libraries (DLL), Object Linking and Embedding (DLE), Debugging unter Windows.
Richard Wilton
**Windows-Entwickler-Workshop -
Handbuch für Programmierer**
ISBN 3-86063-307-4, **DM 79,00**
erscheint ca. 1.Quartal 1992

Vom unumstrittenen Star der Windows-Programmierer stammt dieses internationale Standardwerk. Charles Petzold kennt die Programmierumgebung von Microsoft Windows und OS/2 wie kaum ein anderer Autor. Von der Planung einer Applikation über die Entwicklung eigener Werkzeuge bis zum fertigen Windows-Programm enthält der Band alles, was für die professionelle Programmierung erforderlich ist. Ein definitives Muß für jeden Programmierer. Ein Buch von Microsoft - dem Entwickler von Windows.
Charles Petzold
Programmierung unter Windows
ISBN 3-86063-312-0,
1100 Seiten, **DM 98,00**

"Fordern Sie das Microsoft-Press Gesamtverzeichnis an."

Microsoft Press Deutschland • Frankfurter Ring 224 • 8000 München 40 • Tel.: 089/32 39 030 • Fax: 089/32 39 03 12

Bücher von Microsoft Press erhalten Sie im Buchhandel.

Richtig einsteigen mit Büchern von Microsoft Press

Damit Computer machen, was Sie wollen!

Excel 3.0, die neueste Version der erfolgreichen Tabellenkalkulation unter Windows liegt international im Trend. Ralph Soucie, ein anerkannter Experte auf dem Gebiet der Business-Software, beweist, daß der Umgang mit Tabellen alles andere als schwierig oder gar langweilig sein muß. Auch wenn Sie niemals zuvor mit einem Tabellenkalkulationsprogramm gearbeitet haben, gelingt der Einstieg mit diesem Buch schnell und mühelos. Ein Buch aus der erfolgreichen Einsteigerserie von Microsoft, dem Entwickler von Excel 3.0 und Windows.
Ralph Soucie
Richtig einsteigen in Excel 3.0 für Windows
ISBN 3-86063-001-6, **DM 39,00**

Kaum eine andere Textverarbeitung ist so erfolgreich wie Microsoft Word. In der neuen Version 5.5 stellt sich Word mit einer benutzerfreundlicheren Oberfläche vor. Wer sich bisher mit der eher mager erscheinenden Befehlsleiste schwer getan hat, findet nun Pull-Down-Menüs, die die Benutzung vereinfachen und komfortabler gestalten. Das Buch zeigt nicht nur die ersten Schritte, sondern gibt auch Tips zur Arbeitserleichterung.
Janet Rampa
Richtig einsteigen in Word 5.5
ISBN 3-86063-006-7, **DM 39,00**

"Fordern Sie das Microsoft-Press Gesamtverzeichnis an."

Eine kompetente und gut strukturierte Einleitung in die sensationelle Version des weltweit erfolgreichsten PC-Betriebssystems. Der Autor, ein erfahrener Computer-Trainer, begleitet den Laien beim Einstieg in MS-DOS 5. Ein Buch aus der erfolgreichen Einsteigerserie von Microsoft.
Carl Townsend
Richtig einsteigen in MS-DOS 5
ISBN 3-86063-002-4, **DM 39,00**

Bücher von Microsoft Press erhalten Sie im Buchhandel.

Microsoft Press Deutschland • Frankfurter Ring 224 • 8000 München 40 • Tel.: 089/32 39 030 • Fax: 089/32 39 03 12

Software professionell nutzen, mit Büchern von Microsoft Press

Damit Computer machen, was Sie wollen!

Die Maus als Eingabeinstrument ist aus der Welt der benutzerfreundlichen Computerprogramme und erst recht der graphischen Benutzeroberflächen nicht mehr wegzudenken. Wer heute PC-Software entwickelt, sei es unter MS-DOS, Windows oder OS/2, der sollte daher genauestens über die Ansteuerung der Microsoft Maus informiert sein.Dieses Buch ist die offizielle technische Referenz für die Programmierung der Microsoft Maus.
Microsoft Corporation
Microsoft Mouse -
Handbuch für Programmierer
ISBN 3-86063-202-7
DM 79,-

Wer heute in seinen Programmen mit Assembler arbeitet, der muß sich über die grundlegenden Kenntnisse von MS-DOS hinaus auch mit dem Protected Mode der modernen Prozessoren 80386 und 80486 auskennen. Ray Duncan zeigt in seinem Buch an vielen ausführlichen und praxisnahen Beispielen, wie man mit Assembler die neuen Technologien meistert und in seiner Software einsetzt.
Vom Software-Hersteller autorisiert.
Ray Duncan
Professionell programmieren mit MASM
ISBN 3-86063-313-9
ca. 500 Seiten, **DM 79,00**
erscheint ca. 2.Quartal 1992

Eine der aufregendsten Neuerungen in der neuen Version 5 des erfolgreichen Betriebssystems MS-DOS ist die enorm verbesserte Speicherverwaltung. Nun kann auch endlich unter MS-DOS unter den verschiedenen Arten von Erweiterungsspeichern (Extended und Expanded Memory) gearbeitet werden. Dem Autor gelingt es vorzüglich, das Thema anschaulich und auch für Laien verständlich darzustellen.
Dan Gookin
Optimale Speicherverwaltung
mit MS-DOS 5
ISBN 3-86063-309-0, **DM 39,00**

"Fordern Sie das Microsoft-Press Gesamtverzeichnis an."

Bücher von Microsoft Press erhalten Sie im Buchhandel.